Jürgen H. Schmidt

El ABC de la
Interpretación Bíblica

AF176136

Me regocijo en tu palabra como el que halla muchos despojos.

(Salmo 119:162)

Jürgen H. Schmidt

El ABC
de la
Interpretación
Bíblica

Información bibliográfica de la Biblioteca Nacional Alemana
La Biblioteca Nacional Alemana registra esta publicación en la
Bibliografía Nacional Alemana; los datos bibliográficos exactos se
encuentran en Internet en la página siguiente: http://dnb.d-nb.de

Bibliografische Information der Deutschen Nationalbibliothek
Die Deutsche Nationalbibliothek verzeichnet diese Publikation in der
Deutschen Nationalbibliografie; detaillierte bibliografische Daten sind
im Internet über http://dnb.d-nb.de abrufbar.

A menos que se indique lo contrario, las citas de la Biblia
siguen la Versión Reina-Valera, Revisión de 1960 (RVA). A
veces también se cita de la Nueva Versión Internacional (NVI)
o de la Versión Popular "Dios habla hoy" (VP).

Producción y Editorial / Herstellung und Verlag: BoD – Books
on Demand, Norderstedt (Alemania)

ISBN 9783752803679

Foto de la carátula: Jürgen H. Schmidt

Contenido

Prefacio

Durante mi ministerio realizado en la selva como en la sierra del Perú, tuve la oportunidad de conocer el liderazgo cristiano que éste adolece de ciertos principios básicos para una sana y correcta interpretación bíblica. Muchos de los líderes, con muy buenas intenciones de exponer las Sagradas Escrituras tuercen el mensaje original como consecuencia de no poseer una preparación teológica formal y esta clase de mensaje no lleva al crecimiento ni a la madurez de la iglesia del Señor.

Creemos que frente a este vacío de preparación teológica formal en el liderazgo, *"El ABC de la interpretación bíblica"* escrito por Jürgen Schmidt, en gran medida cubrirá este vacío y dará nuevos horizontes en el liderazgo para introducirse en el texto y como consecuencia conocer aquellos principios básicos para una sana y correcta interpretación bíblica.

Por tanto, el propósito de este libro no es promover un esquema completo hermenéutico u exegético, sino en dar a conocer los principios básicos de la interpretación bíblica de una manera más sencilla posible que será de mucha ayuda para que los líderes mejoren su comprensión del texto bíblico y de esta manera lleguen a conclusiones claras para alimentar la grey del Señor y así lleguemos a la estatura y la plenitud de Cristo.

Entendemos que el libro está orientado a aquellos

líderes que no tienen una preparación teológica formal, es decir aquellos que no recurrieron por las aulas de un seminario, pero con ello no descartamos que también será de mucha ayuda para los pastores y líderes con una preparación teológica formal, porque aumentará o refrescará su conocimiento en ciertos principios básicos de la interpretación bíblica.

Antes de saltar y leer los principios básicos de la interpretación bíblica, sería bueno de presentar un resumen de cada uno de los capítulos:

- En el primer capítulo el autor trata sobre la relevancia de los principios básicos de la interpretación bíblica.

- En el segundo capítulo presenta principios fundamentales de la interpretación bíblica y los explica brevemente por medio de ejemplos.

- En el tercer y cuarto capítulo se desarrolla los diferentes tipos de texto y figuras literarias que encontramos en la Biblia.

- El quinto capítulo trata sobre la aplicación del texto bíblico.

Creemos que este libro te ofrece un archivo de recursos dedicados a la interpretación bíblica que no solamente agrade al intérprete, sino que se convierta en un faro que ilumine al resto de los líderes que nos rodean.

Estamos agradecidos de que te tomes el tiempo de leer *"El ABC de la Interpretación Bíblica"*. No es un libro exhaustivo, pero sabemos que será usado constantemente como una herramienta de referencia en tu interpretación del texto bíblico.

Guillermo Arévalo Miranda
Pastor y Misionero de la Iglesia Alianza Cristiana y Misionera (Perú)

Prefacio del autor

Estimado lector/a:

En Alemania hay una serie de guías con el título "30 minutos para saber más acerca de ..."
El objetivo de esta guía es transmitir en poco tiempo información importante sobre cierto tema en forma compacta. El presente libro persigue un objetivo parecido aunque necesitará más de 30 minutos para leerlo. Le dará una introducción corta y comprimida de los principios más importantes de la interpretación bíblica, que son de mucha ayuda para una mejor comprensión del mensaje de la Biblia.

El grupo destinatario de este libro son laicos sin capacitación teológica formal (para teólogos hay suficiente literatura que trata esta temática a fondo). A la vez, quisiera despertar el interés para dedicarse más ampliamente y más a fondo con el tema de la interpretación bíblica.

Especialmente desde el surgimiento de la alta crítica de la Biblia en la teología, hay una multitud de perspectivas de la Biblia que tienen que ver sobre todo con la inspiración divina y la integridad de la Biblia. Yo, personalmente, creo que la Biblia es la Palabra inspirada de Dios que es verdadera, segura y digna de confianza. Creo que existen suficientes razones (de peso) para mantener también hoy en día esta posición de fe. Josh McDowell presenta algunas de estas razones en su libro "¿Es la Biblia veraz?"; si usted tiene preguntas acerca de la integridad de la Biblia le recomiendo la lectura.

En el caso de que usted como lector/a (todavía) no comparta mi perspectiva teológica y/o mi confianza en la Biblia, es mi esperanza, que reciba de la lectura de este libro impulsos valiosos para el uso de la Biblia a pesar de nuestros diferentes puntos de vista. ☺

Agradezco muchísimo a mi amigo y hermano peruano Guillermo Arévalo Miranda. Él me animó a publicar una versión en español y me apoyó mucho encargándose de las correcciones del borrador; además escribió el prefacio para esta edición en español.

De la misma manera agradezco muchísimo a mi amiga y hermana colombiana Lucía Oostra U. Es una bendición que el Señor la llevó a nuestra región en Alemania y que ella aceptó con mucho gusto apoyarme en la correcciones finales de este libro.

Sobre todo agradezco a mi buen Dios y Padre celestial quien me ha permitido esta publicación. ¡Es mi deseo que sea de bendición para muchos y sobre todo para la gloria de Dios!

Jürgen H. Schmidt

1. La relevancia de principios de interpretación bíblica

La comunicación es una parte integral de nuestra vida diaria; como seres humanos nos comunicamos con y sin palabras. Somos tanto emisores como receptores de mensajes. Como receptores enfrentamos el desafío de comprender el mensaje "correctamente". "Interpretamos" el mensaje recibido aplicando ciertos criterios (por ejemplo, las palabras utilizadas, voz y volumen de tono, mímica, gestos, contexto, etc.) llegando de esta manera a una conclusión de lo que el emisor haya querido decir. Sin embargo, una y otra vez hay interpretaciones erróneas; por ejemplo, cuando pensamos haber recibido un mensaje que no ha sido la intención del emisor ("mensajes supuestos"), o cuando un mensaje enviado no llega ("mensajes perdidos").

En los encuentros diarios y en la comunicación con otras personas estamos interpretando continuamente el significado de sus palabras y de su manera de actuar. Lo estamos haciendo inconscientemente. Al hacerlo, estamos aplicando criterios que hemos adquirido en el transcurso de nuestra vida, mayormente de una manera inconsciente, en vez de hacerlo de una manera consciente.

Nuestro uso de la Biblia es muy parecido, no importa si creemos y confiamos en su mensaje o no. Todos los que leen la Biblia también la interpretan. Cada uno "interpreta" el mensaje leído utilizando ciertos criterios (presuposiciones, opiniones personales, religiosas y filosóficas, conocimientos previos, etc.) llegando así a una conclusión acerca del "significado". Sin embargo, la pregunta clave es: "¿Has comprendido el mensaje "correctamente"?" - Ahora, uno podría objetar diciendo: "¿Es tan importante, comprender el mensaje "correctamente"? Lo más importante es, que me haya hablado personalmente, que haya algún beneficio y que me haya hecho bien!". Esta objeción está considerando solamente el nivel subjetivo y emocional ("edificador") del lector de la Biblia. Sin embargo, ¿qué pasa, si se trata de mucho más que de lindos sentimientos piadosos? ¿Qué pasa, si una persona está buscando en la Biblia realmente orientación y guía para su vida, confiando en que lo que ha leído es realmente veraz y digno de confianza? ¿Qué pasa si su futuro personal depende de la comprensión "correcta" del mensaje?

Quizás conozca la anécdota siguiente: - Erase una vez un joven, que quería conocer la voluntad de Dios. Tomó su Biblia, la abrió a la ventura y puso su dedo índice "por casualidad" en un versículo y leyó lo que estaba escrito: *"Y arrojando las piezas de plata en el templo, salió, y fue y se ahorcó."* (Mateo 27:5) El joven estaba muy confundido y se preguntaba cómo debería entenderlo. Por tanto abrió otro pasaje utilizando el mismo método y leyó: *"Ve, y haz tú lo mismo."* (Lucas 10:37)

Una mirada en la historia de la iglesia demuestra, que la pregunta "¿cómo interpretar (y aplicar) la Biblia?" es bastante relevante, porque:

- La Biblia fue y es utilizada para justificar todo tipo de ideas. Aún un ateo podría abusar de Salmo 14:1 para sustentar su tesis, citando solamente la parte del versículo que dice "*No hay Dios.*"

- La cristiandad - especialmente el protestantismo - está dividido en un sin fin de denominaciones, cada quien tiene su verdad y como consecuencia, rupturas denominacionales, nacen movimientos o iglesias libres que cada quien hace lo que le parece por las diferentes "opiniones doctrinales", que es el resultado de una somera interpretación bíblica. Frente a este contexto distorsionado de una somera interpretación bíblica surgen las preguntas: ¿Cómo es posible orientarse en esta jungla de la diversidad de opiniones e interpretaciones? ¿Es la interpretación bíblica algo puramente subjetivo; o hay ciertos criterios objetivos que sirven para evaluar si una interpretación es correcta y adecuada?

- En el uso de la Biblia, hoy en día se han generalizado muy fuertemente dos extremos de pensamientos. Los unos dicen: "¡Debemos tomar literalmente *todo* lo que dice la Biblia!", mientras que los otros expresan: "¡No debemos tomar literalmente *nada* de lo que dice la Biblia, porque todo tiene un significado simbólico y más profundo!" ¿Será que existe todavía otro enfoque entre estos dos extremos "todo" y "nada", que sea más adecuado para interpretar la Biblia?

Antes de continuar con la lectura, le ruego reflexionar sobre las siguientes preguntas:

- ¿Cuáles son los criterios que se están aplicando al interpretar un texto bíblico? ¿Se están aplicando estos criterios más consciente o inconscientemente?
- ¿Está haciendo uso consciente de algunos principios para interpretar la Biblia? ¿Cuáles son?

2. Principios de interpretación bíblica

En este capítulo conocerá los principios de interpretación bíblica, que son fundamentales y de mucha ayuda. Por supuesto, la siguiente recopilación con sus observaciones explicativas no está completa ni exhaustiva; hay mucho que se podría agregar y complementar todavía. El objetivo es, mostrarle los puntos esenciales que tienen relevancia al interpretar la Biblia y darle una serie de preguntas claves que le ayuden en la aplicación concreta de estos principios.

2.1. ¡Nunca aislar un versículo de la Biblia de su contexto!

Cualquier tipo de comunicación, tanto en nuestra vida diaria como también en la Biblia, ocurre dentro de cierto contexto. El contexto es, por lo tanto, el marco para poder comprender una declaración (o una acción) correctamente. Si ignoramos el contexto, existe el riesgo de que se produzcan errores de interpretación. Por supuesto, se puede hacer esto también con una intención maliciosa; por ejemplo, sacando una cita del discurso de un político de su contexto, acusándole de haber hecho una declaración, que en realidad no había sido su intención. Pero cuando se considera el contexto general del discurso, se va aclarar qué quería decir con la declaración citada. Quizás conoce el dicho siguiente: "**Un texto fuera del contexto es un pretexto**"; es decir, cuando se saca un texto de su contexto, se puede utilizar (también de forma abusiva) como pretexto para justificar cualquier cosa.

La consideración del contexto sirve para salvaguardarnos del peligro de deformar declaraciones bíblicas y de interpretarlas contrariamente a las intenciones del autor bíblico.

Una palabra clave de la interpretación bíblica es el término "intención" o "declaración intencionada". El significado verdadero de una declaración siempre será descubrir la intención que tuvo el autor (sea hablado o sea por escrito); ¡no es lo que nosotros pensamos poder extraer de sus palabras o aún imponer en ellas! Entonces, no debemos imponer un significado en un texto bíblico, que no haya sido la intención del autor. La intención del autor está entrelazada estrechamente con el contexto, por eso es indispensable tomarlo en cuenta.

En la interpretación bíblica existen diferentes tipos de contexto a tomar en cuenta:
- El contexto inmediato
- El contexto mayor
- El contexto sinóptico
- El contexto dentro de la Historia de la Salvación

¿Hasta qué grado uno intenta considerar estos diferentes tipos de contexto? En la practica depende del tiempo disponible que tenga el intérprete, la intención de la lectura bíblica (por ejemplo, si uno está haciendo su "tiempo devocional", si se dedica a estudiar la Biblia, si quiere preparar un tema para una célula de estudio bíblico, etc.) y del conocimiento bíblico que ya ha adquirido.

Pero, ¿qué son estos diferentes tipos de contextos? ¿Por qué son relevantes?

El contexto inmediato
Cada pasaje o versículo bíblico está relacionado con un hilo de pensamiento que surge directamente de los versículos de su alrededor. Este hilo de pensamiento forma el contexto inmediato; es decir, el pensamiento de los versículos o del pasaje *antes* y *después* del versículo o del pasaje que estamos estudiando, se le conoce como el contexto inmediato anterior o posterior.

Por ejemplo:
- Al pensamiento del pasaje o de los versículos *anteriores* se le conoce como *contexto inmediato anterior*.
- Al pensamiento del pasaje o de los versículos *posteriores* se le conoce como *contexto inmediato posterior*.

Normalmente, cada libro de la Biblia comienza con el capítulo 1, versículo 1 y va desarrollando una historia, una doctrina y/o un flujo de pensamiento.[1] Por eso, es muy importante para la comprensión del mensaje prestar mucha atención en el «hilo conductor de pensamiento» que recorre el respectivo pasaje o libro de la Biblia. Entonces, al leer / estudiar un pasaje de la Biblia o un versículo bíblico individual siempre es necesario poner mucha atención en las secciones antes y después del texto haciéndose las siguientes preguntas:

- ¿De qué manera el contexto inmediato es de ayuda para comprender mejor este texto o versículo bíblico?
- ¿Cómo se está desarrollando la historia, el flujo de pensamiento o la argumentación? ¿Cuáles son las consecuencias?

El contexto mayor

Cada texto de la Biblia, aparte de su contexto inmediato, está relacionado también con un contexto mayor. Este contexto mayor o contexto ampliado tiene que ver con dos áreas: (1) El libro de la Biblia, en el cual se encuentra el texto estudiado, y (2) la doctrina que es tratada en el texto.

Al tratar el tema del contexto inmediato hemos visto que en el transcurso de un libro de la Biblia se está desarrollando una historia, una doctrina

---

[1] Excepciones de esta regla general son por ejemplo los Salmos o los Proverbios. Cada Salmo forma una unidad terminada. Aunque el libro de los Proverbios comienza con una introducción, grandes partes del libro contienen una colección de Proverbios que hablan por sí mismo.

y/o un flujo de pensamiento. Ahora, al examinar el contexto mayor, es necesario prestar atención a las relaciones existentes entre el pasaje que estudiamos y el resto del libro en estudio. Por ejemplo, es posible dividir la carta a los Efesios en tres partes principales:

(1) La posición del creyente en Cristo (1:1 - 3:21)
(2) La conducta correcta del creyente (4:1 - 6:9)
(3) La batalla espiritual del creyente (6:10-24)

Para la comprensión correcta de las partes posteriores de la carta, es necesario considerar lo que Pablo escribió antes. Sus declaraciones en la primera parte de la carta son fundamentales para comprender, por qué debemos actuar y vivir de cierta manera. De la misma forma, las declaraciones de las dos primeras partes son relevantes para poder comprender y aplicar correctamente sus explicaciones acerca de la batalla espiritual al final de la carta a los Efesios.

Si queremos examinar el contexto mayor de un versículo bíblico o de un pasaje dentro del libro en estudio, el primer paso es obtener una vista general del libro entero. La mejor forma de hacerlo sería leer primeramente todo el libro y después entrar en los detalles. Una alternativa a este procedimiento es echar una mirada en un bosquejo de este libro que podemos encontrar en un comentario bíblico, un diccionario bíblico o en una Biblia de estudio.

Luego debemos analizar las siguientes preguntas:

- ¿En qué parte del libro en estudio se

encuentra nuestro pasaje? ¿Qué conexión tiene con otras partes del libro?

- ¿Cuál es la relación entre nuestro pasaje y el mensaje general del libro entero?

Sin embargo, el contexto mayor no sólo tiene que ver con la relación entre el pasaje en particular y el mensaje general del libro de la Biblia al cual pertenece; también existe una relación entre la doctrina que es tratada en el texto y la Biblia entera. La Biblia contiene muchas declaraciones doctrinales[2]; sin embargo, estas declaraciones no están ordenadas sistemáticamente como en un libro de texto (por ejemplo una "teología sistemática"), sino que las encontramos esparcidas por toda la Biblia. En Efesios 1:4ss, por ejemplo, encontramos declaraciones del apóstol Pablo acerca de la doctrina de la elección. Pero no solo en Efesios lo encontramos, sino que también el apóstol trató este tema en otras de sus cartas. Además, también hay otros autores de libros de la Biblia que tratan esta temática. Entonces, para obtener una comprensión mayor de esta doctrina, vale la pena leer los textos paralelos mencionados en las notas a pie de página o utilizar una concordancia de la Biblia (o utilizar la función de concordancia de un programa de Biblia en la computadora) para encontrar el tema o doctrina en estudio. Al

---

[2] Para poder comprender e interpretar la Biblia cada vez mejor, es necesario, estudiar la doctrina bíblica intensamente. Recomendación: Wayne Grudem: Teología Sistemática - Una Introducción a la Doctrina Biblia (Editorial Vida).

estudiar los textos paralelos hay que hacer las preguntas siguientes:

- ¿Cuál es la relación entre el tema (la doctrina) que está tratando nuestro pasaje de estudio con otros pasajes de las Escrituras que tratan el mismo tema?
- ¿De qué manera, estos textos paralelos son de ayuda para comprender mejor la doctrina tratada?

El contexto sinóptico

El Nuevo Testamento contiene cuatro libros con informes del Evangelio. Los informes de Mateo, Marcos y Lucas tienen muchas similitudes en su composición y en su estructura para narrar los acontecimientos de la vida de Jesús; por eso son llamados «sinópticos» o «Evangelios sinópticos».

Al estudiar un pasaje en los Evangelios, hay que prestar mucha atención si otro evangelista también escribió algo sobre el mismo acontecimiento o la misma enseñanza de Jesús (a veces, también se halla algo en el Evangelio de Juan). Muchas ediciones de la Biblia lo indican en el título del pasaje respectivo, mencionando también el pasaje paralelo. En el caso de que haya textos paralelos en otros evangelios, vale la pena leerlos y comparar lo que dicen los otros evangelistas al respecto. En muchos casos obtenemos de esta manera información adicional y complementaria que nos ayuda a comprender mejor el texto o la situación descrita.

Al leer un pasaje en un evangelio vale la pena preguntar:

- ¿Hay textos paralelos en otros evangelios?
- ¿Qué similitudes y qué diferencias hay en comparación con los textos paralelos?
- ¿Cómo explicar las diferencias?
- ¿De qué manera, los pasajes paralelos nos ayudan para comprender mejor el texto?

El contexto dentro de la Historia de la Salvación

La Biblia contiene 66 libros que fueron escritos durante un periodo aproximado de 1.500 años. En este periodo Dios utilizó a más de 40 autores diferentes que vivían en distintos lugares (continentes de África, Asia y Europa) y en circunstancias diversas para escribir Su Palabra. Dios se reveló a sí mismo, reveló sus planes poco a poco y paso a paso. Este tiempo de revelación lo llamamos «Historia de la Salvación» que incluye también acontecimientos futuros que han sido predichos proféticamente en la Biblia, como por ejemplo la segunda venida de Cristo.

Al leer toda la Biblia, desde el principio hasta el fin, uno se da cuenta de que el conocimiento acerca de Dios, sus planes y su obra para salvarnos aumentaban cada vez más en el transcurso de la Historia de la Salvación (hay una «revelación progresiva»). Además hay que entender que hubo cambios en el transcurso de la Historia de Salvación que fueron causados conscientemente por Dios mismo. Al interpretar la Biblia es necesario considerar tanto la revelación progresiva como los cambios en el transcurso de la Historia de la Salvación.

Desde la perspectiva de la Historia de la Salvación, nosotros hoy en día estamos viviendo en la época del «Nuevo Pacto» y ya no en el «Antiguo Pacto». El Salvador, que había sido anunciado en el Antiguo Testamento, ya vino y dio su vida en la cruz como ofrenda expiatoria por el pecado, para que todos los que en Él creen no se pierdan sino que tengan vida eterna. Pero no sólo eso; Jesús también resucitó, ascendió al cielo y derramó al Espíritu Santo en Pentecostés. En aquella fiesta de Pentecostés nació también la iglesia de Jesucristo, que ya no consiste únicamente en cristianos judíos (como al comienzo en Jerusalén), sino que vinieron añadiéndose personas provenientes de diferentes naciones bajo el cielo, durante el transcurso de la predicación de la Palabra.

El enfoque del pueblo de Israel esta centrado en el Antiguo Testamento (y en los Evangelios), mientras que la Iglesia Cristiana, llegó a protagonizar a partir del libro de los Hechos de los Apóstoles. Entre Israel y la Iglesia Cristiana existen diferencias significativas; por ejemplo, la iglesia no tiene un santuario central (como el templo en Jerusalén) y no sacrifica animales (como los israelitas en el Antiguo Pacto). Por estas y otras razones es necesario considerar el texto dentro del contexto de la Historia de la Salvación. Cuando se interpreta un texto o pasaje bíblico debemos tener en cuenta lo siguiente:

- ¿A qué época de la Historia de la Salvación pertenece nuestro versículo o pasaje? De una manera muy general podemos distinguir entre el Antiguo y el Nuevo Pacto. Al hacer esto debemos considerar, que estas dos grandes épocas no concuerdan exactamente con el Antiguo y el Nuevo Testamento. El Antiguo Testamento contiene partes, que pertenecen desde la perspectiva de la Historia de la Salvación a una época anterior al pacto de Dios con Israel (Génesis, Job). Además, el Nuevo Testamento contiene partes (en los evangelios) que pertenecen todavía a la época del Antiguo Pacto; porque el Nuevo Pacto fue constituido recién con la muerte de Jesús en la cruz y confirmado públicamente en Pentecostés con el derramamiento del Espíritu Santo.

- ¿Está indicando nuestro versículo o pasaje a otra época de la Historia de la Salvación? Varios textos de la Biblia señalan a otra época de la Historia de la Salvación. En muchos casos, la mirada va hacia el futuro a la primera o segunda venida de Cristo. Pero también hay casos cuando la mirada va hacia atrás, al pasado; por ejemplo cuando Pablo escribe en Romanos 4 acerca de Abraham subrayando el significado de los acontecimientos de aquel entonces para nosotros hoy en día, en la época del Nuevo Pacto.
- ¡Nosotros, hoy en día, estamos viviendo en la época del Nuevo Pacto! Es decir, ya no vivimos en los tiempos del Antiguo Pacto; todavía no estamos viviendo en la época futura de la salvación, que comenzará con el retorno de

Cristo.

Considerar el contexto dentro de la Historia de la Salvación es sumamente importante para la aplicación de textos del Antiguo Testamento, porque nosotros estamos viviendo hoy en la época del Nuevo Pacto. Muchas sectas están mezclando el Antiguo Pacto con el Nuevo llegando así a doctrinas extrañas. Por ejemplo, «Los Israelitas del Nuevo Pacto» en el Perú, entre otros, actualmente sacrifican animales como lo hacían los judíos en el Antiguo Testamento.

2.2. ¡La Biblia se interpreta a sí misma!

Los libros de la Biblia no solo fueron escritos por autores humanos; es mucho más - es la Palabra de Dios inspirada por el Espíritu Santo (cf. 2 Timoteo 3:16s; 1 Pedro 1:10-12; 2 Pedro 1:19-21; Hebreos 3:7ss). Aunque la Biblia se compone de 66 libros, al fin y al cabo es *un* libro con *un* mensaje unitario. Es una unidad como un «hilo conductor»[3] que atraviesa toda la Biblia, desde Génesis hasta

---

[3] El conocimiento de este «hilo conductor» es sumamente importante, tanto para la comprensión del mensaje de la Biblia como para la interpretación bíblica. Recomiendo los libros siguientes que son de mucha ayuda para obtener estos conocimientos necesarios: John R. Cross: *El Forastero En El Camino a Emaús* (GoodSeed International); Trevor McIlwain: *Fundamentos Firmes: desde la Creación hasta Cristo* (Editorial CLC Colombia); Vaughan Roberts: *EL GRAN PANORAMA DIVINO - La Biblia de comienzo a fin* (TORRENTES DE VIDA).

el Apocalipsis. Hay una consistencia interna en la Escritura; el Espíritu Santo, quien la inspiró, es el Espíritu de la verdad (Juan 14:17; 15:26; 16:13) - ¡y Él no puede contradecirse! Por eso, la Biblia no se contradice - a pesar de que el lector a veces encuentra «aparentes contradicciones»; éstas pueden ser aclaradas y resueltas cuando se las investiga más a fondo.

En la misma Biblia encontramos referencias de cómo debemos comprender ciertas declaraciones, ciertos símbolos, etc. Por ejemplo:

- Daniel 8:1-14 describe una visión utilizando a un carnero y un macho cabrío como símbolos; Daniel 8:20-21 (¡el contexto inmediato!) explica el significado de los símbolos utilizados.
- Hechos 8:32-35 aclara que Isaías 53 habla de Jesús.
- Mateo 1:20-23 indica que la profecía en Isaías 7:14 se refirió a Jesús y que fue cumplida por medio de él.

Aunque hay varios pasajes en la Biblia que son difíciles de entender y en su significado no hay unidad entre los comentaristas, la mayor parte de la Biblia es clara, evidente y comprensible. Por eso, los pasajes claros de la Biblia son el primer recurso para aclarar pasajes oscuros. ¡Esto implica, que no se debe abusar de pasajes oscuros para cambiar, reinterpretar o cubrir con niebla artificial el significado de aquellos pasajes claros!

Un peligro de la interpretación bíblica es, quedarse atrapado en el detalle, examinar un pasaje aisladamente y perder de vista el cuadro completo; es decir, el peligro de no considerar el contexto general de la Biblia. El programa Google-Earth es un programa especial que permite observar la tierra desde el cosmos por medio de imágenes de satélite. Es posible ampliar la imagen a tal punto que se pueden ver de cerca detalles como los techos de las casas, las piscinas en los jardines. De la misma manera, también se puede alejar un poco la visión de la imagen para obtener un panorama mayor, y de esta manera detectar las relaciones entre el lugar y su entorno. Este cambio de perspectiva - acercar / alejar la imagen para obtener un panorama mayor - ayuda a una mejor comprensión.

De la misma manera sucede al momento de interpretar la Biblia: el cambio de la perspectiva nos ayuda para no perder de vista las relaciones que existen entre el versículo individual y el contexto general de la Biblia.

Al tratar el tema del contexto dentro de la Historia de la Salvación, habíamos visto que la Biblia contiene una revelación progresiva. Esta revelación progresiva nos lleva a una interrelación interesante entre el Antiguo y el Nuevo Testamento: Las revelaciones anteriores, es decir aquellas que fueron dadas en el Antiguo Testamento son fundamentales, para poder comprender revelaciones posteriores; por tanto, el Antiguo Testamento es el fundamento sobre el cual se construye el mensaje del Nuevo Testamento. No podemos comprender correctamente el Nuevo Testamento sin el Antiguo Testamento.

Sin embargo, en el transcurso de la Historia de la Salvación, muchas cosas han sido reveladas cada vez claramente; ahora tenemos «más luz». Tenemos que hacer uso de esta luz e interpretar las revelaciones anteriores a la luz de las revelaciones posteriores. Esto significa que debemos examinar declaraciones del Antiguo Testamento a la luz del Nuevo Testamento (vea por ejemplo, la carta a los Hebreos).

Las siguientes preguntas sirven de ayuda para la aplicación del principio «¡La Biblia se interpreta a sí misma!»:

- ¿Qué versículos o pasajes de la Biblia tratan el mismo tema?
- ¿Qué pasajes paralelos me ayudan a entender el texto correctamente?
- ¿Puedo encontrar indicaciones en el contexto que me ayudan a entender el texto correctamente?
- ¿A qué pasaje del Antiguo Testamento se refiere el pasaje en el Nuevo Testamento?
- ¿Cómo se debe comprender la declaración en el Antiguo Testamento a la luz del Nuevo Testamento?

2.3. ¡Prestar atención en el uso del lenguaje figurado!

Una gran cuestión en la interpretación bíblica consiste en interpretar la Biblia de manera literal o simbólica. Cuando aplicamos los principios de la teoría de la comunicación, la mayoría de este conflicto puede ser desactivado. Génesis 1:27 nos enseña que Dios creó al hombre a su imagen y semejanza. Esto incluye, entre otras cosas, la inteligencia y la capacidad para comunicarse. Dios le dio al hombre el lenguaje para poder comunicarse con los suyos, pero también con su creador. El lenguaje no es el único medio de comunicación, pero es el medio principal que el hombre utiliza para comunicarse de una manera comprensible.

Normalmente utilizamos el lenguaje con su significado natural para lograr el objetivo de la comunicación. Lo hacemos de la siguiente manera: (1) utilizando las palabras del idioma, que estamos usando para la comunicación, (2) ordenando las palabras, según las reglas gramaticales vigentes para este idioma, y (3) *esperando que se entienda nuestras palabras literalmente*, tal como las hemos utilizado, - *excepto que* nosotros señalamos por medio de un guiño o de otra manera, que no es así (por ejemplo cuando utilizamos una ironía como medio estilístico).

Además, en cada idioma se usan diversos «estilos lingüísticos» para expresar pensamientos e ideas de una manera especial. Hablando de una manera generalizada, también se podría llamar a estos estilos lingüísticos «lenguaje figurado».[4] En la vida diaria, frecuentemente usamos el lenguaje

---

[4] «Lenguaje figurativo» es otro término que se usa en la literatura. Sin embargo, en el Perú el uso del término «lenguaje figurado» es más común; por eso estamos dándole la preferencia en este libro, utilizándolo como sinónimo de «lenguaje figurativo».

figurado - en la mayoría de los casos lo hacemos inconscientemente -, y normalmente se nos entiende sin dificultades. En muchos casos se trata de modismos o jergas. Las dificultades aparecen a menudo, cuando alguien no comprende o interpreta mal nuestro lenguaje figurado por alguna razón (por ejemplo a causa de su trasfondo cultural).[5]

Lo que es válido para nuestra comunicación diaria, también es vigente para la Biblia. ¿Qué razón tendría Dios de usar la lengua de una manera diferente, misteriosa e incomprensible para comunicarse con el hombre? Cuando Dios venía revelándose al hombre, por supuesto tenía la intención de ser comprendido y de que se tome su Palabra en serio.

Con respecto a la interpretación bíblica, eso significa que debemos comprender las declaraciones de la Biblia *literalmente* - siempre y *cuando* lo indica el texto. Es decir, tenemos que prestar mucha atención al texto. Si no podemos encontrar signos claros en el texto de que se usa el lenguaje figurado, debemos entender las palabras en su significado literal y natural. En este contexto, también se habla de la interpretación histórica-gramatical de la Biblia. Eso significa, que se interpreta cada palabra según el significado que tiene en su uso común. Esto implica, que se consideran tanto las reglas

---

[5] ¿Quizás le gustaría hacer un experimento? - Utilice un modismo en la conversación con una persona con otro trasfondo cultural (si es posible con una traducción literal a otro idioma) y ponga atención en la reacción de su interlocutor.

gramaticales como el trasfondo histórico de la respectiva época bíblica (la retórica común de aquel tiempo, el contexto cultural, etc.).

Lamentablemente, en muchos casos el término «literalmente» es entendido mal o de una manera subjetiva, porque muchos están relacionando con este término la idea de que la interpretación literal prohíbe la interpretación del lenguaje figurado. Sin embargo, esto no es el caso. Con este pensamiento, estamos llegando al siguiente punto:

Siempre y cuando el texto utiliza el lenguaje figurado, tenemos que interpretarlo según la categoría del lenguaje figurado, porque solamente así vamos a llegar a una interpretación correcta y adecuada. En la literatura se utiliza una gran variedad de figuras literarias para expresarse y muchas de ellas se utiliza también en la Biblia. Por tanto, la tarea del intérprete es saber distinguir de una manera genérica los diferentes «tipos de texto» («géneros literarios») y «formas de expresarse» («figuras literarias»). En el capítulo tres vamos a tratar los diferentes tipos de texto más a fondo, y en el capítulo cuatro las diferentes formas de expresarse, que encontramos en la Biblia.

Las siguientes preguntas pueden ayudarnos a identificar si el texto contiene lenguaje figurado:

- ¿Es posible tomar la declaración en este contexto literalmente?
- ¿Hay algo en el contexto que indica, que se trata de una figura literaria?

- ¿Hay alguna doctrina bíblica u otro concepto bíblico que impide interpretar esta declaración literalmente?

2.4. ¡Prestar atención en el significado de las palabras!

Las palabras son un medio importante para la comunicación. Cada lengua tiene su propio vocabulario. Este vocabulario existente brinda posibilidades individuales para expresarse (que son diferentes de lengua a lengua), pero al mismo tiempo también limita las posibilidades de expresión. Los libros del Antiguo Testamento fueron escritos en Hebreo y en Arameo; los libros del Nuevo Testamento fueron escritos en Griego. Para poder leer la Biblia tenemos que aprender los idiomas originales o a usar una traducción de la Biblia. La gran mayoría de los lectores de la Biblia utilizan una traducción porque no domina los idiomas originales.

Ya indicamos que cada lengua es única en su vocabulario y en sus posibilidades de expresarse. Eso significa, que existen diferencias entre las lenguas y eso también afecta la traducción y la interpretación de la Biblia. Cada palabra tiene su significado (básico), pero no siempre tiene un solo significado. Una palabra también puede tener varios significados o cierto margen de fluctuación (incertidumbre, duda) en cuanto a su significado. En estos casos, el significado original por el portavoz o autor puede ser derivado (en la mayoría de los casos) del contexto, en el cual la palabra es utilizado. Por ejemplo, en Gálatas 5:22, Pablo utiliza la palabra griega «pistis», que significa entre otros, confianza, convicción, fidelidad y fe. Algunas traducciones de la Biblia en castellano lo traducen en este contexto como «fe», mientras que muchas traducciones en castellano, inglés y alemán lo traducen como «fidelidad»; esta traducción del término «pistis» nos parece más adecuado en este contexto que habla del fruto del Espíritu Santo en la vida del creyente.

Cuando se traduce e interpreta la Biblia, siempre es necesario descubrir el significado original de la palabra en que estaba usando el autor. Esto se complica por el hecho de que los significados de las palabras entre el idioma original (por ejemplo el Hebreo) y el idioma receptor (el idioma al que se traduce, por ejemplo el Español) no siempre concuerdan al cien por ciento, sino que hay matices y coincidencias con otros términos que aún pueden tener otro significado. Además es posible que no existan palabras en el idioma receptor para ciertos términos.[6]

Por está razón encontramos frecuentemente diferencias en los términos utilizados y variaciones al comparar las diferentes traducciones de la Biblia. Esto no debe

---

[6] Traductores de la Biblia están luchando con esta dificultad en muchos lugares del mundo, especialmente en el caso de grupos étnicos que no tienen ninguna idea de qué es un "altar", un "sacrificio", una "oveja" o un "camello" - a causa del entorno cultural del grupo étnico o del medio ambiente.

sorprendernos; mas bien, debería animarnos a investigar el asunto más a fondo para detectar las razones.

Otro aspecto, que tiene que ver con el significado de las palabras es, que el significado de una palabra puede cambiar en el transcurso del tiempo. Esto ocurre tanto en nuestro propio idioma como en el caso del uso de las palabras en la Biblia. Cuando leemos una traducción antigua de la Biblia en nuestro idioma, nos damos cuenta (¡especialmente la generación más joven!), de que se utiliza palabras que hoy en día ya no son utilizadas (de esta manera). La probabilidad de malentendidos crece, porque es posible que hoy en día comprendamos otra cosa al escuchar cierto término que la gente en los tiempos de Casiodoro de Reina y de Cipriano de Valera entendía. Pero también dentro del transcurso de unos mil quinientos años, en el cual se escribieron los libros de la Biblia, el significado de algunas palabras ha cambiado. Por ejemplo, el significado de la palabra «Israel». Primero, Israel fue el nombre nuevo que Dios le dio al patriarca Jacob (Gn 32:28). Después, se utilizó también para los descendientes de Jacob, el pueblo de Israel (Gn 32:32). Más tarde, Israel llegó a ser el nombre del país (Rt 4:7; 1 S 11:3) y del reino de Israel (2 S 5:12; 1 R 4:1). Después de la muerte del rey Salomón, se dividió el reino de Israel en el reino del norte y el reino del sur. El reino del norte continuó teniendo el nombre de «Israel», pero incluía solo las diez tribus (cf. 1 R 12:19.21), mientras que el reino del Sur llegó a tener el nombre de «Judá». Entonces, cuando leemos en la Biblia la palabra «Israel», es necesario prestar atención para descubrir cuál es el significado que se está usando en el contexto respectivo.

Es necesario prestar atención al significado de las palabras para comprender correctamente el significado de un versículo bíblico. La Biblia tiene su propio vocabulario y utiliza muchos términos que a veces implican conceptos teológicos enteros; por esta razón necesitamos en muchos casos un poco de ayuda para captar correctamente el significado de las palabras. El recurso auxiliar más importante, que debe formar parte de la librería de cada lector de la Biblia, es un buen Diccionario Bíblico. El Diccionario Bíblico explica el significado de términos bíblicos dando la información de fondo necesaria para una mayor compresión. Además, hay todavía otros libros auxiliares como por ejemplo, el Diccionario Teológico o el Diccionario Expositivo de Palabras de la Biblia.[7]

El significado de una palabra también está determinada por su forma gramatical. Especialmente en el caso de los verbos es necesario prestar mucha atención, porque es importante el tiempo (el pasado, el presente o el futuro) y el modo que el autor ha utilizado. Generalmente, se distinguen tres modos gramaticales «indicativo» (hechos reales, realidad), «conjuntivo» (posibilidad, deseo) e

---

[7] El grado, hasta que se puede trabajar con estas herramientas útiles, depende entre otros de los pre-conocimientos teológicos y del conocimiento de los idiomas bíblicos.

«imperativo» (exhortación, orden o mandato, ruego). Sin embargo, ocurre frecuentemente que los lectores de la Biblia «reinterpretan» un indicativo como imperativo. Por ejemplo, muchas veces se interpreta el indicativo *Vosotros sois la sal de la tierra"* (Mt 5:13) y *"Vosotros sois la luz del mundo"* (Mt 5:14) como imperativo: "¡Los cristianos deben ser sal y luz!" Sin embargo, el Señor Jesús utilizó estas ilustraciones para describir la realidad espiritual de sus discípulos.

Las «conjunciones» son otra clase de palabras a cuyo significado muchas veces no se les presta suficiente atención. Las conjunciones sirven para enlazar las palabras de una frase; por ejemplo, «y», «pero», «como», «cuando», «para que», etc. Las conjunciones son sumamente importantes, porque influyen decisivamente en el significado de una frase. Las conjunciones sirven, por ejemplo para exponer las razones («porque», «como», «por lo tanto», «puesto que») o para limitar una declaración («siempre que», «en la medida que», «mientras»). También sirven para expresar un contraste («pero», «sin embargo»), para explicar algo («es decir», «eso es») y muchas cosas más (vea la gramática de la lengua española).

Las siguientes preguntas pueden ayudarnos a prestar atención en el significado de las palabras:

- ¿Por qué utilizaron los traductores en las diferentes traducciones de la Biblia palabras distintas para traducir un término específico? ¿Qué significado parece ser el más adecuado de acuerdo al contexto?

- ¿Qué significado tienen los términos bíblicos utilizados en el texto? ¿Cuál es la diferencia del significado bíblico con el significado de hoy en nuestra lengua cotidiana?
- ¿Qué significado tiene el término en *este* contexto? (Por ejemplo, Israel, gracia, salvación, etc.)
- ¿En qué tiempo y en qué modo están los verbos utilizados en el texto?
- ¿Qué conjunciones se utilizan en el texto? ¿Qué significado tiene por medio de estas conjunciones?

2.5. ¡Considerar la situación en los tiempos cuando se escribió el texto!

Cada uno de los 66 libros de la Biblia fue escrito dentro del marco de una situación especifica histórica, cultural y geográfica. La situación de aquel entonces es el contexto en el cual vivían los protagonistas del respectivo texto de la Biblia y/o los destinatarios originales del mismo. Si ignoramos este contexto original, si leemos el texto solamente desde la perspectiva de nuestra propia cultura y con nuestros propios conceptos religiosos y filosóficos contemporáneos, no vamos a comprender una gran parte del significado, o lo vamos a comprender mal. Por tanto, el lector o intérprete de la Biblia de hoy tiene que superar tres abismos que lo separan de la situación de aquel entonces:

- *El abismo cultural:* La cultura de aquel tiempo, las costumbres y los conceptos religiosos de la gente, etc.
- *El abismo histórico:* La respectiva situación histórica; como los grandes imperios de aquel tiempo (por ejemplo, los Egipcios, los Asirios, los Babilonios, los Medo-Persas, los Romanos) y su influencia en Israel.
- *El abismo geográfico:* El respectivo entorno geográfico de los acontecimientos descritos en la Biblia en aquel tiempo.

Hoy en día existen muchos recursos auxiliares que pueden ayudarnos a superar estos abismos hasta cierto grado[8]. Algunos de estos recursos auxiliares son:

- *La Biblia*. Ya hemos conocido el principio "¡La Biblia se interpreta a sí misma!" En la Biblia encontramos mucha información que explica la situación cultural o histórica de aquel tiempo. Los libros de 2 Reyes, 2 Crónicas, Esdras y Nehemías nos presentan el trasfondo histórico de los tiempos de los profetas del Antiguo Testamento. El libro de los Hechos de los Apóstoles nos presenta el trasfondo histórico de la mayoría de las cartas del Nuevo Testamento. Una y otra vez encontramos en el texto de la Biblia la información de fondo importante (por ejemplo, Lc 20:27; Hch 23:8). Una Concordancia de la Biblia sirve para

---

[8] A propósito estoy diciendo "hasta cierto grado", porque nunca seremos capaces de captar la situación original al cien por ciento y de superar estos abismos completamente.

encontrar los términos correspondientes en la Biblia.

- *Diccionario Bíblico.* Un buen Diccionario bíblico es el recurso más importante que se necesita para estudiar e interpretar la Biblia. No solo ayuda a comprender mejor el significado de los términos bíblicos, sino que ofrece una gran cantidad de información de fondo acerca de la cultura, la historia y la geografía de los tiempos bíblicos.
- *Comentarios Bíblicos.* Los Comentarios bíblicos son otra ayuda importante para encontrar información de fondo. Sin embargo, hay que tomar en cuenta de que cada Comentario refleja la teología de su autor.
- *Mapas de la Biblia* o un *Atlas de la Biblia* nos ayudan a visualizar la respectiva situación geográfica. Normalmente, un Atlas de la Biblia contiene mapas de Israel y de los países vecinos de las diferentes épocas del Antiguo Testamento como del Nuevo Testamento; por ejemplo, el tiempo de los patriarcas, el Éxodo, la distribución de la tierra de Canaán entre las tribus de Israel, las diferentes épocas del reino (dividido) de Israel y de la extensión de los grandes Imperios Asiria, Babilonia, Medo-Persa, Grecia y Roma. Los mapas del Nuevo Testamento presentan la situación geográfica de Israel en los tiempos de Jesús y los viajes misioneros del apóstol Pablo.

Cuando se estudia un pasaje de la Biblia, es recomendable leerlo varias veces atentamente, para obtener una visión general y captar el contenido del texto. Mientras que se lea el texto se debe observar las palabras que tienen que ver con la cultura (religión, costumbres), la historia o la geografía. Posteriormente a esto, la tarea consiste en aclarar las preguntas que surgieron durante la lectura y en conseguir la información que hace falta para la comprensión del texto.

Las siguientes preguntas pueden ayudarnos a considerar la situación en los tiempos, cuando se escribió el texto:

- ¿Qué caracterizó la cultura de la gente de aquel tiempo? ¿Qué relevancia para la comprensión del texto tienen las costumbres, la manera de pensar y las ideas de las personas de ese tiempo? ¿Qué entendieron las personas de aquel tiempo al escuchar las palabras (de Moisés, de los profetas, de Jesús, de los apóstoles, etc.) que fueron dirigidas a ellos?

- ¿Cómo fue la situación histórica de aquel tiempo? ¿Qué influencia tenía en la gente?

- ¿Dónde ocurrió el acontecimiento descrito en este pasaje? ¿Qué relevancia para la comprensión del texto tiene el entorno gcográfico?

2.6. ¡Prestar atención a las palabras claves en el texto!

En algunos pasajes de la Biblia, ciertos términos (por ejemplo, «sabiduría», «conocimiento», «amor», etc.) se repiten constantemente; a esto se le denomina "palabras claves". Como «palabras claves», estos términos repetitivos juegan un rol importante para la comprensión del texto. Vale la pena prestar atención a ellas, porque nos indican de qué tema trata el texto, o nos ayudan a captar mejor cierto aspecto de la doctrina tratada en el pasaje (por ejemplo, el término «contado»/ «contada» / «cuenta», en Romanos 4 subraya que "la fe nos es contada por justicia").

Las siguientes preguntas pueden ayudarnos a prestar atención a las palabras claves en el texto:

- ¿Hay palabras que se repiten varias veces en este pasaje?
- ¿Indica(n) esta(s) palabra(s) el tema del texto?
- ¿Subraya(n) esta(s) palabra(s) cierto aspecto del tema?

2.7. ¡Tener cuidado con citas dentro de la Biblia!

En el prefacio dije, que personalmente creo que la Biblia es la Palabra inspirada por Dios, verdadera, segura y digna de confianza. Sin embargo, esto no significa que cada declaración que encontramos en la Biblia refleje la voluntad de Dios. La Biblia cita las declaraciones de muchas personas. Estas citas reproducen el contenido de las declaraciones hechas correctamente; pero el contenido de la cita es normalmente la opinión personal del respectivo autor (de una forma hablada o escrita).

Los siguientes ejemplos aclaran de qué se trata:

- Génesis 3:4s cita a la serpiente al tentar a Eva. El contenido de su declaración es una mezcla entre una verdad a medias y una mentira completa.

- El libro de Job contiene los discursos de los tres amigos de Job. Estos discursos reflejan la opinión personal y la teología de ellos. En Job 42:7s, Dios pone en claro que no está de acuerdo con el contenido de las declaraciones de ellos.

- Hechos 23:25-30 cita la carta del oficial romano Claudio Lisias al gobernador Félix. En el versículo 27, Claudio Lisias presenta la situación como si él hubiese librado a Pablo de la mano de los judíos, porque se había enterado de que Pablo era ciudadano romano. Sin embargo, Hechos 22:24-29 pone en claro, que Claudio Lisias recibió esta información recién después de haber librado a Pablo. En su carta al gobernador, se presenta a sí mismo como un oficial consciente de su deber que ha salvado a un ciudadano romano.

Antes de interpretar una cita en la Biblia tenemos que preguntar:

- ¿Se trata de la opinión personal de esta persona?
- ¿Es verdad lo que dice esta persona?
- ¿Cómo debemos evaluar la declaración de esta persona considerando el contexto general de toda la Biblia? ¿Refleja su declaración realmente la voluntad de Dios?

2.8. ¡Interpretar textos históricos considerando pasajes doctrinales!

La Biblia contiene diferentes tipos de texto (vea el capítulo 3); de éstos diferentes tipos de textos, los textos históricos son los que forman una parte considerable de la Biblia y el contenido se caracteriza por poseer una forma narrativa. Éstos textos describen lo que sucedió en *aquel entonces*, cómo actuaron las personas *en ese momento* y cómo Dios habló e / o intervino en *aquel momento* o en *aquella situación* respectiva. Es decir, en primer lugar reflejan una situación *concreta* de *ese momento*. Pero en muchos casos, esto ni siquiera se interpreta o evalúa, sino que simplemente se presenta. Por supuesto, deberíamos extraer lecciones apropiadas de lo que leemos en estos textos históricos, ¿pero cómo? ¿Cómo debemos entender e interpretar el evento reportado? ¿Qué conclusiones y aplicaciones podemos y / o debemos derivar de este texto? ¿Qué quiere enseñarnos y dónde ponemos demasiado significado en algo?
En la interpretación de los textos históricos

debemos ser muy cuidadosos para no sacar conclusiones precipitadas, porque existe un peligro en la interpretación de estos textos de generalizar y deducir precipitadamente un principio universal válido en la experiencia de los hombres de aquel momento. El intérprete podría formular este procedimiento muy a la ligera diciendo: "¡Si actúas de la misma manera que los creyentes o receptores del mensaje originario de aquella época, entonces experimentarás exactamente las mismas experiencias que ellos experimentaron, o Dios actuará e intervendrá exactamente de la misma manera!" Este pensamiento es erróneo porque el intérprete está olvidando que el evento descrito es una situación específica y única en el tiempo de la historia de Dios. No olvidemos que Dios intervino o dio alguna instrucción específica a cierta(s) persona(s) en determinada época, tiempo e historia como a él le pareció intervenir de una manera correcta. Los siguientes dos ejemplos bíblicos dejan en claro que no podemos simplemente generalizar instrucciones y experiencias en informes históricos:

- En Éxodo 17:6, Dios le ordenó a Moisés que golpeara la peña para dar agua al pueblo. Pero en Números 20:8, Dios le ordenó a Moisés que hablara a la peña. Moisés en su enojo, golpeó la peña con su vara dos veces y - ¡qué interesante! - el método dio resultado. Sin embargo, Moisés fue desobediente a la orden de Dios y la consecuencia de su desobediencia fue que no pudo entrar en la tierra prometida.

- Durante la persecución bajo Herodes Agripa I., el apóstol Santiago fue asesinado y el apóstol Pedro salvado de una manera milagrosa, por medio de un ángel enviado por Dios (Hch 12:1-17).

Por tanto, debemos cuidarnos del peligro, de no sacar conclusiones o aplicaciones apresuradamente de un informe histórico o de deducir un código de conducta que tiene vigencia general.

Ya hemos tratado el contexto dentro de la Historia de la Salvación y señalamos que los textos del Antiguo Testamento deben ser interpretados a la luz del Nuevo Pacto. En los textos históricos del Antiguo Testamento encontramos muchas instrucciones concretas para el pueblo de Israel, que no podemos aplicar directamente a la iglesia hoy (por ejemplo, la circuncisión, los sacrificios, leyes sobre los alimentos). Pero también con los textos históricos del Nuevo Testamento (Evangelios, Hechos de los Apóstoles) debemos tener cuidado. Por el hecho de que Jesús sanó a los enfermos en el día de reposo, no debemos deducir de esta experiencia de Jesús que cada cristiano debe visitar a los enfermos en el día de reposo. El hecho de que la iglesia primitiva en Jerusalén practicaba la comunidad de bienes (Hch 2:44), todavía no constituye una obligación para los cristianos en todas las iglesias de hacer lo mismo. Es decir, ¡que alguien en la Biblia ha actuado de cierta manera no significa automáticamente que debemos actuar siempre de la misma manera!

Otro problema, y en lo que debemos tener cuidado es de no sacar una doctrina de un acontecimiento histórico. El hecho de que los creyentes en Samaria recibieron al Espíritu Santo cuando los apóstoles Pedro y Juan les impusieron las manos (Hch 8:17), no nos da el derecho para constituir una doctrina como: "La doctrina de la imposición de manos (por medio de un apóstol) es necesaria para recibir al Espíritu Santo".

Por las razones mencionadas, es importante interpretar los relatos históricos de la Biblia basados en los pasajes doctrinales (textos dogmáticos de la Biblia que enseñan o explican) y prestar atención al contexto dentro de la Historia de la Salvación. Aunque encontramos pasajes doctrinales también en los libros históricos del Nuevo Testamento (la enseñanza y predicación de Jesús en los Evangelios, los sermones de los apóstoles en Hechos), estos hallan mayor fundamento cuando los analizamos con las cartas del Nuevo Testamento que contienen "la doctrina de los apóstoles" (cf. Hch 2:42). El enfoque de los informes históricos está en la *descripción* de los eventos y el enfoque de los mensajes de enseñanza está en la *explicación*. Por ejemplo, los Evangelios describen cómo el Señor Jesucristo murió en la cruz por nosotros; pero son las cartas del Nuevo Testamento las que nos explican en profundidad qué significa para nosotros.

Esto no significa que los textos históricos de la Biblia sean menos importantes o incluso irrelevantes para nosotros en día de hoy (tampoco el Antiguo Testamento, cf. 1 Co 10:6.11). Pero es más fácil malinterpretar[9] el significado de los eventos o de las acciones que el significado de declaraciones doctrinales. Para comprender apropiadamente el significado de los eventos importantes en la Historia de la Salvación, dependemos de pasajes doctrinales (especialmente de las cartas del Nuevo Testamento). Otro punto importante es, que la iglesia de Jesucristo todavía no existía durante los tiempos del ministerio terrenal del Señor Jesucristo que describen los Evangelios. La iglesia surgió recién en el día de Pentecostés a través del derramamiento del Espíritu Santo (Hch 2). El curso posterior del libro de los Hechos describe la expansión de la iglesia de Jesús en el Imperio Romano y la fundación de muchas iglesias locales, especialmente a través del ministerio del apóstol Pablo; pero el libro de los Hechos contiene relativamente pocas declaraciones e instrucciones sobre temas importantes sobre los cuales nosotros como cristianos e iglesias necesitamos urgentemente orientación para poder vivir y actuar de la manera correcta.

Las siguientes preguntas pueden ayudarnos a interpretar textos históricos:
- ¿En qué contexto dentro de la Historia de la Salvación se encuentra el pasaje bíblico? ¿Cómo debemos evaluar este informe desde la

---

[9] Ejemplos interesantes de interpretaciones erróneas de acciones y de eventos encontramos en Hechos 14:8-15 y 28:3-6.

perspectiva del Nuevo Pacto?

- ¿En qué contexto directo se encuentra el pasaje bíblico? ¿Encontramos un principio en este informe histórico? ¿Hay otros pasajes bíblicos que enseñan el mismo principio? ¿Cómo se puede aplicar este principio a nuestra situación actual?
- ¿Hay una declaración en el texto que es normativa (que tiene vigencia universal)? ¿Hay otros pasajes en el Nuevo Testamento que sostienen que es normativa?
- ¿Concuerda realmente con la declaración intencionada del autor de establecer una norma universal, una regla de conducta o instrucción?

3. Diferentes tipos de texto en la Biblia

En el capítulo anterior señalamos que la Biblia contiene diferentes tipos de texto. Por tanto, el objetivo de este capítulo es dar una visión general de estos tipos de texto. La Biblia es el "Libro de los libros" y contiene un rico tesoro de diversas formas literarias, que en la teología se le denominan "géneros literarios". Estos serán denominados aquí como "diferentes tipos de texto".

En la Biblia, los tipos de textos más comunes son la prosa (texto narrativo, lenguaje cotidiano) y la poesía (obra de poesía, lírica, lenguaje del corazón). Pero, al dar una mirada más detallada al contenido de los libros de la Biblia, nos damos cuenta que existen muchos más tipos de texto de lo pensado.

El *Antiguo Testamento* consiste en 39 libros que se puede clasificar de la siguiente manera:

- *5 Libros de ley* (la Tora o el Pentateuco): Génesis hasta Deuteronomio.
- *12 Libros históricos*: Josué hasta Ester.
- *5 Libros poéticos*, llamados también "literatura de la sabiduría" o "libros sapienciales": Job hasta el Cantar de los Cantares.
- *17 Libros proféticos*, que se puede subdividir en 5 "profetas mayores" (Isaías hasta Daniel) y en 12 "profetas menores" (Oseas hasta Malaquías).

El **Nuevo Testamento** consiste en 27 libros que se puede clasificar de la siguiente manera:

- **5 Libros históricos:** Los cuatro Evangelios (Mateo hasta Juan) y los Hechos de los Apóstoles.[10]
- **21 Cartas:** Romanos hasta Judas.
- **1 Libro profético:** El Apocalipsis.

Esta clasificación es aún bastante general, pero observándola de esta manera nos da una idea aproximada del tipo de literatura que encontraremos (principalmente) en cada una de estas divisiones de la Biblia y aún más, en cada uno de los libros individuales / particulares de la Biblia. Pero esta clasificación no significa que los relatos históricos están limitados exclusivamente a los libros históricos, o que la poesía aparecería solo en los libros poéticos y la profecía solo en los libros proféticos. Casi cada libro en la Biblia contiene una cierta mezcla de estos diferentes tipos de texto.

En la siguiente compilación que a continuación presento, no pretendo que esta esté completa y exhaustiva, solamente es una descripción general de los diferentes tipos de texto de la Biblia y de sus subcategorías:

Narraciones e informes
- **Informes de vocación**: El llamamiento de

---

[10] Debemos notar que el Evangelio de Lucas y Hechos son en realidad un trabajo de dos volúmenes del mismo autor, que está separado artificialmente en nuestras Biblias a través del Evangelio de Juan.

Abraham, Moisés, Isaías, Jeremías, de los discípulos, etc.

- *Narraciones de sueños*: Como los sueños de José (Gn 37:6s) o de Faraón (Gn 41:1ss).
- *Informes de curaciones*: La curación de Naamán en 2 Reyes 5 o las curaciones obradas por Jesús en el Nuevo Testamento.
- *Informes sobre milagros en la naturaleza*: Las plagas durante el Éxodo de Egipto (Ex 7:15ss) o el milagro que Jesús hizo cuando calmó la tempestad (Mt 8:24ss).
- *Informes de la pasión:* La Pasión de Jesús y el sacrificio en la cruz en los Evangelios.
- Etc.

Discursos

- *Discurso de despedida*: El discurso de despedida de Moisés antes de morir (Dt 31), o el discurso de despedida de Pablo en Mileto (Hch 20:17ss).
- *Discurso de juicio*: De los profetas del Antiguo Testamento que anunciaron el juicio de Dios al pueblo de Israel.
- *Palabras proféticas*: Como las de los profetas en los libros proféticos, o del Señor Jesús en los Evangelios, etc.
- *Disputas*: Por ejemplo, entre Jeremías y los falsos profetas, o entre Jesús y los fariseos.
- *Sermones*: Como los del Señor Jesucristo en los Evangelios, o de Pedro y Pablo en Hechos.
- *Oraciones* (peticiones, agradecimiento, arrepentimiento): Por ejemplo, de Nehemías, de Daniel, de Ana, de Jesús, etc.

- **Palabras metafóricas**[11]: Una parábola, una alegoría, una fábula, un proverbio, etc.

Leyes y ordenanzas
- **La ley moral**: Las normas éticas como los Diez Mandamientos.
- **La ley ceremonial**: Mandamientos sobre la pureza ceremonial y el culto sacrificial; por ejemplo en Levítico.

Cartas
- Aparte de los 21 libros que originalmente fueron escritos como cartas («epístolas») para destinatarios específicos, también encontramos otras cartas en otros libros de la Biblia; por ejemplo en Esdras 4:7-16, Hechos 23:25-30, o Apocalipsis 2 - 3.
- Las cartas de Pablo se caracterizan por su estructura, basada en el estilo de redacción de aquel tiempo. La forma de carta «helenista-paulina» por lo general consistía en las siguientes partes: (1) La introducción que comenzaba con un «precepto»; es decir, mencionaba al remitente y a los destinatarios. Esto iba acompañado de un saludo. Al precepto le seguía el «proemio» que contenía la acción de gracias e intercesión, así como una introducción a la parte principal. (2) La parte principal de la carta era en la que se desarrollaba el tema. Se usaba varios estilos

---

[11] Palabras metafóricas también son figuras literarias. Volveremos a esto en el capítulo 4 y lo miraremos más a fondo.

lingüísticos y tipos de texto (por ejemplo, himno, doxología, exhortaciones, fórmulas confesionales). (3) La conclusión consistía en notas personales, saludos y una bendición final.

Canciones

- **Salmos**: El Salterio fue el cancionero / himnario del pueblo de Israel.
- **Himnos**: Por ejemplo, el himno sobre Cristo en Filipenses 2:6ss.
- **Canciones de agradecimiento**: Como el cántico de Moisés en Éxodo 15.
- **Lamentaciones**: en el libro «Lamentaciones», pero también en otros libros de la Biblia como la lamentación de David por la muerte de Saúl y Jonatán en 2 Samuel 1:17ss.
- **Doxología** (alabanza): La alabanza de María (Lc 1:46ss), la alabanza en las cartas (Ro 11:33ss; 1 P 1:3ss) y Apocalipsis 4:8.11.
- **Canciones de amor**: Como el Cantar de los Cantares.

Listas

- **Genealogías**: Como en Génesis 5:1ss; 10:1ss; 11:10ss; 1 Crónicas 1:1ss; Mateo 1:1ss; Lucas 3:23ss.
- **Censos**: En Números 1:20ss; 1 Crónicas 9:3ss; Nehemías 7:6ss.

Catálogos con exhortaciones

- **Catálogo de virtudes** y / o **de vicios**: Como en Colosenses 3:12ss (catálogo de virtudes);

Romanos 1:29ss (catálogo de vicios).

- **Códigos del hogar**: Exhortaciones cortas acerca de la conducta cristiana para diferentes grupos de personas; por ejemplo, Efesios 5:21 - 6:9.
- **Catálogo de deberes**: Como en 1 Timoteo 3:2ss (obispos), 1 Timoteo 3:8ss (diáconos), o 1 Timoteo 5:9s (viudas).

Al leer la Biblia, siempre debemos tener en cuenta el tipo de texto que está tratando el pasaje, porque comprender la diferencia de los tipos de texto nos ayuda a comprender mejor el texto en su mensaje original. En los pasajes poéticos se usa frecuentemente el lenguaje figurado; aunque no es la intención del autor que tomemos sus declaraciones literalmente. Pero en un texto de prosa es diferente, porque tiene que ser entendido literalmente.

Por esta razón, debemos hacernos las siguientes preguntas al interpretar la Biblia:

- ¿De qué tipo de texto se trata? ¿Es prosa o es poesía?
- ¿Qué declaración intencional del autor está asociada a este tipo de texto?

4. Figuras literarias en la Biblia

En el capítulo anterior, conocimos los diferentes tipos de texto que aparecen en la Biblia. Descubrimos que existe cierta conexión entre el texto y la intención del autor. Además, la Biblia usa una gran variedad de medios estilísticos (expresiones, figuras estilísticas) en los diversos tipos de texto, a los que a menudo se hace referencia como «lenguaje figurado». Detrás del uso de dispositivos estilísticos está la intención del autor de "darle vida" al discurso, ilustrar algo, estimular la reflexión y / o atraer la atención.

Uno de los principios de la interpretación bíblica presentado en el Capítulo 2 es: "¡Prestar atención en el uso del lenguaje figurado!" Porque cada vez que se utiliza este lenguaje en el texto, también debe ser interpretado de acuerdo al género utilizado en cada caso, porque solamente de esta manera podemos llegar a una interpretación correcta y apropiada. En este capítulo, trataremos específicamente el tema del «lenguaje figurado» y conoceremos diferentes dispositivos estilísticos que se usan en la Biblia. El conocimiento del dispositivo estilístico respectivo, le trae al lector de la Biblia un doble beneficio: (1) Reconocer que se usa el lenguaje figurado o un dispositivo estilístico y (2) Comprender mejor la intención asociada con el uso del dispositivo estilístico; por lo tanto, también la declaración.

La siguiente compilación (que de ninguna manera

es completa y exhaustiva) nos da una visión general de los diferentes dispositivos estilísticos de la Biblia:

Comparaciones

Es posible resumir muchos dispositivos estilísticos bajo el término genérico «comparaciones», aunque no necesariamente se mencionan como tales en la literatura técnica. Como «palabras metafóricas» generalmente se cuentan entre los géneros literarios (tipos de texto, ver el Capítulo 3); pero los tratamos conscientemente aquí en el contexto de los dispositivos estilísticos.

Una característica de las comparaciones (palabras metafóricas), es que existe una similitud o un punto de comparación con el ejemplo utilizado (ilustración, imagen). Es decir, las comparaciones suelen manifestar tres elementos:

- El *tópico*: una cosa o un tema que se compara con algo.
- El *ejemplo* o la *ilustración* con qué se compara el tópico.
- El *punto de similitud*: lo que el tópico tiene en común con el ejemplo o la ilustración.

Por tanto, para interpretar correctamente una comparación, es necesario identificar correctamente estos tres elementos y comprender el punto de similitud.

Símil

Los símiles son comparaciones que expresan una similitud o un contraste.

La similitud se expresa mediante la conjunción «como»; por ejemplo, Jeremías 23:29: "*¿No es mi palabra como fuego, dice Jehová, y como martillo que quebranta la piedra?*" En este versículo, se compara la Palabra de Dios con el fuego y con un martillo (enfatizando su poder o efectividad).

El contraste en el símil se expresa mediante la conjunción «más ... que» o «menos / menor ... que»; por ejemplo, 2 Samuel 1:23: "*Saúl y Jonatán, amados y queridos; inseparables en su vida, tampoco en su muerte fueron separados; más ligeros eran que águilas, más fuertes que leones.*" En este versículo, se compara a Saúl y a Jonatán con las águilas y con los leones. Los puntos de similitud son la velocidad del águila y la fuerza del león; pero en comparación (contraste) con estos animales, Saúl y Jonathan fueron aún más rápidos y fuertes.[12] Otro ejemplo de un contraste encontramos en el Salmo 8:5ª: "*Le has hecho poco menor que los ángeles...*" (RVA) / "*Pues lo hiciste poco menos que un dios...*" (NVI) En este versículo, se compara al hombre con ángeles.

Metáfora

La metáfora es una comparación en la que se expresa una similitud entre la cosa o el tema y la ilustración utilizada. Pero a diferencia del símil, las metáforas son comparaciones directas sin el

---

[12] No debemos interpretar esta declaración en este contexto como "estrictamente científica" y literalmente. Es parte de un pasaje poético y pertenece a la lamentación de David por la muerte de Saúl y Jonathan.

uso de la conjunción «como». En Juan 10:11, el Señor Jesús dice: *"Yo soy el buen pastor."* Es decir, Jesús está comparando a sí mismo con un buen pastor de ovejas; lo que quiere decir Jesús con esto se clarifica en el contexto directo (¡prestar atención al contexto!).

Las metáforas también se usan en dichos o modismos. Los modismos dependen de la cultura; es decir, se usan y se comprenden principalmente solo dentro de una cultura determinada. Un extranjero puede entender cada palabra de la frase (si habla el idioma o si se traduce la frase literalmente para él), pero a pesar de eso, él «solo entenderá la estación»[13]. También en la Biblia encontramos modismos; por ejemplo, en Mateo 18:18: *"De cierto os digo que todo lo que atéis en la tierra, será atado en el cielo; y todo lo que desatéis en la tierra, será desatado en el cielo."* Debido a nuestra propia cultura, generalmente no nos damos cuenta de que se usa aquí el modismo judío (rabínico) acerca de "atar y desatar". Este modismo tiene un significado muy específico; entre otros, se utilizaba para la imposición y la anulación de la excomunión[14] (la autoridad disciplinaria; el contexto del versículo trata la disciplina en la iglesia).

---

[13] «Solo entiendo la estación» («Ich verstehe nur Bahnhof») es un modismo alemán que significa «¡no entiendo absolutamente nada!»

[14] Hermann L. Strack und Paul Billerbeck. *Kommentar zum Neuen Testament aus Talmud und Midrasch. Bd. I.*, pág. 738s.

Parábola

Las parábolas son comparaciones en las que se utiliza historias que podrían ser de casos reales o imaginarios para ilustrar un tema (doctrina).

Los ejemplos de estas historias provienen de la vida cotidiana en Israel de aquél tiempo; pueden haber sucedido de la misma manera, pero no son informes históricos. En la interpretación de las parábolas, el intérprete debe tener en cuenta que en la mayoría de los casos la historia completa tiene solamente uno o dos mensaje(s) clave(s); por eso, se habla también de «parábolas con una enseñanza» o «parábolas con dos enseñanzas». Es decir, no debemos alegorizar una parábola y tratar de imponer significados a cada detalle de la historia; sino que, tenemos que descubrir el (los) mensaje(s) clave(s) de la parábola completa. Para esto, es necesario que el intérprete considere el contexto, porque en el contexto directo de la parábola, casi siempre se encuentra la clave para comprender el significado intencional de ésta. Por ejemplo:

Lucas 15:1-2 cuenta que se aceraban cobradores de impuestos y pecadores a Jesús para oírle. Esto no les gustaba a los fariseos y a los escribas; ellos criticaban a Jesús diciendo *"Este a los pecadores recibe, y con ellos come."* El Señor Jesús respondió a esta críticas con tres parábolas:

(1) La parábola de la oveja perdida (Lc 15:3-7) - una parábola con una enseñanza que expresa la alegría por el arrepentimiento de un pecador.

(2) La parábola de la moneda perdida (Lc 15:8-10) - otra parábola con una enseñanza que enfatiza la

alegría.

(3) La parábola del hijo pródigo (Lc 15:11-32) - una parábola con dos enseñanzas. En la parábola del hijo pródigo, el primer mensaje clave muestra la misericordia del padre y su alegría por el retorno del hijo pródigo. El segundo mensaje clave trae a la luz que el hermano mayor no tiene compasión, porque también él debería alegrarse por el arrepentimiento y el retorno de su hermano menor. En esta parábola, el énfasis principal está en la segunda ensenanza, porque Jesús responde directamente al comportamiento despiadado de los fariseos y escribas que murmuraban, en vez de alegrarse por el arrepentimiento de cobradores de impuestos y pecadores.

Alegoría

El dispositivo estilístico de la alegoría tiene ciertas similitudes con la metáfora, porque se trata también de comparaciones directas. Sin embargo, la comparación no se limita a un solo punto, sino que es mucho más compleja.

En la alegoría, a todos los detalles de la ilustración utilizada se les atribuye un significado. También es posible utilizar como ilustración una "historia de caso", así como en la parábola; aunque a diferencia de ésta, cada detalle de la historia tiene su propio significado. En contraste con la parábola, donde la historia completa contiene solamente uno o dos mensajes clave(s). Por ejemplo:

La "parábola del sembrador" (Mr 4:3-9) es en

realidad una alegoría. Jesús no deja el significado de los detalles a la imaginación de sus discípulos para que lo interpreten; más bien, les explica lo que quiere decir con cada detalle de la historia (Mr 4:14-20).

Las profecías en la Biblia también pueden tener la forma de una alegoría; por ejemplo, los sueños del Faraón de las siete vacas y de las siete espigas (Gn 41:1-7.17-24) o el sueño del rey Nabucodonosor de una gran imagen (Dn 2:31-35). En ambos casos, Dios proveyó la interpretación de los sueños y de los símbolos utilizados a través de sus siervos (Gn 41:25-32; Dn 2:36-45). Por tanto, en la alegoría (no solo en los ejemplos usados aquí) es bastante común que la interpretación de los detalles, como las imágenes y los símbolos usados en la Biblia, se muestre en las mismas Escrituras. Como regla general es suficiente buscar en el contexto inmediato o en el contexto mayor para encontrar otra evidencia del principio "¡La Biblia se interpreta a sí misma!"

Fábula

La fábula es una breve historia en la que se personifican animales o plantas; es decir, hablan y actúan como si fueran personas. El propósito de utilizar una fábula es enseñar una lección moral o una sabiduría práctica.

2 Crónicas 25:17 narra que el rey Amasías, rey de Judá declara la guerra a Joás, el rey de Israel. Entonces, Joás envió a Amasías una advertencia en la forma de la siguiente fábula: *"El cardo que estaba en el Líbano envió al cedro que estaba en*

el Líbano, diciendo: Da tu hija a mi hijo por mujer. Y he aquí que las fieras que estaban en el Líbano pasaron, y hollaron el cardo." Joás comparó a Amasías con una planta espinosa y le advirtió sobre las consecuencias de su comportamiento arrogante; desafortunadamente, éste no quiso escuchar.

Personificación

El dispositivo estilístico de la personificación no solo se usa en una fábula; también se puede usar independientemente de una historia. En el caso de la personificación hablan y / o actúan animales, plantas o aún cosas sin vida como si fueran un ser humano - o se habla de ellos como si tuviesen emociones (cf. Sal 96:11s). También es posible personificar sustantivos abstractos como, por ejemplo, la muerte (1 Co 15:55).

Antropomorfismo

El término "antropomorfismo" deriva de los términos griegos «ánthropos» («hombre», «ser humano») y «morfe» («forma», «naturaleza»). Este dispositivo estilístico es una especie de «personificación» en el sentido de que se le da atributos de forma humana a Dios. Dios es Espíritu (Jn 4:24); recién en la Encarnación de Jesús (solamente), la segunda persona de la Trinidad tomó una forma humana (Fil 2:7). Los antropomorfismos los encontramos en el Antiguo Testamento, especialmente en los textos poéticos; por ejemplo, en el cántico de David sobre la liberación de todos sus enemigos, en el cual está hablando del *"soplo del aliento de su* [de Dios] *nariz"* (2 S 22:16). Pero también lo encontramos en textos narrativos (prosa): Éxodo 24:10, donde se habla de los «pies» de Dios. En el Nuevo Testamento también se usa ocasionalmente antropomorfismos como en Hechos 2:33 donde se menciona "la diestra de Dios".

Hipérbole

Quien hace uso del dispositivo estilístico retórico de la hipérbole "tira más allá de la meta". Es decir que exagera deliberadamente; tan fuerte que a veces es chocante. Como ya se indicó, la razón es de naturaleza retórica cuando se quiere atraer la atención del oyente o del lector y enfatizar cierto hecho con toda claridad.

El Señor Jesús usó la hipérbole una y otra vez como en Mateo 5:30: *"Y si tu mano derecha te es ocasión de caer, córtala, y échala de ti; pues mejor te es que se pierda uno de tus miembros, y no que todo tu cuerpo sea echado al infierno."* Jesús no quería que nos mutiláramos (aunque hubo personas que lo tomaron literalmente), sino que nos diéramos cuenta de la gravedad del pecado y que lo combatamos al máximo en nuestras propias vidas.

En Lucas 14:26, Jesús habló de «aborrecer» a nuestros parientes y a nuestra propia vida. La consideración del contexto bíblico general ("amar al prójimo", "honrar al padre y a la madre") ya nos indica que esta afirmación no puede interpretarse literalmente. La Versión Popular ("Dios habla hoy") sustituye la hipérbole en este versículo traduciendo el significado de la declaración de Jesús de la manera siguiente: *"Si alguno viene a mí y no me ama más que a su padre, a su madre, a su esposa, a sus hijos, a sus hermanos y a sus hermanas, y aun más que a sí mismo, no puede ser mi discípulo."*

Tropo

Otro *término genérico* para un grupo particular de dispositivos estilísticos lingüísticos es el «tropo». A los tropos pertenecen la *metáfora* - que ya hemos tratado en las comparaciones -, la *metonimia*, la *sinécdoque* y la *ironía* - que vamos a tratar a continuación con ejemplos apropiados. La *hipérbole* se cuenta lingüísticamente entre los «tropos secundarios».

El signo distintivo de un tropo es que la expresión original es *sustituida* por otra que pertenece a otro campo de significado. No siempre es fácil distinguir los diferentes dispositivos estilísticos, por los límites entre la metáfora y la metonimia, pero si, entre la metonimia y la sinécdoque son fluidos. ¡Así que no se sienta frustrado si le resulta difícil asignar un tropo a su categoría exacta! Lo más importante es que haya notado que se usa un dispositivo estilístico y que comprenda el significado del lenguaje figurado utilizado en el texto.

Metonimia

En la metonimia («transnominación», «poner otro nombre», «intercambio de términos»), se sustituye un término por otra palabra. La palabra que se usa en su lugar se encuentra en un contexto real / cierto con el término reemplazado.

Este «intercambio de términos» puede suceder de diferentes maneras; por ejemplo, al nombrar la causa en lugar del efecto (o viceversa), la sustancia en lugar del efecto, el recipiente en lugar del contenido o un concepto abstracto en lugar de la concreción.

Ejemplos: *"A Moisés y a los profetas tienen; óiganlos."* (Lucas 16:29) Este versículo no trata de Moisés y los profetas como personas, sino que son mencionados en lugar de sus escritos (el Antiguo Testamento). *"Y se corrompió la tierra delante de Dios, y estaba la tierra llena de violencia."* (Génesis 6:11) Aquí se menciona a la tierra en lugar de a sus habitantes, porque ellos fueron los que actuaron de una manera corrupta y violenta. *"Y Abraham replicó y dijo: He aquí ahora que he comenzado a hablar a mi Señor, aunque soy polvo y ceniza."* (Génesis 18:27) Aquí Abraham habla del material («polvo y ceniza»), para expresar que él es solo un hombre mortal.

Sinécdoque

En el caso del sinécdoque, el término real es reemplazado por otro, que tiene un significado similar pero no idéntico. La palabra que se usa en su lugar proviene del mismo campo conceptual. Puede tener un significado más estrecho o más amplio, pero también puede ser un término genérico o más específico de la palabra que se ha reemplazado.

Entre otros, se distinguen dos formas de sinécdoque:

- **Pars pro toto** («**La parte por el todo**»): Es decir, una parte de la cosa representa el todo, o el todo es sustituido por una parte. Ejemplos: *"Pero más fácil es que pasen el cielo y la tierra, que se frustre una tilde de la ley."* Lucas 16:17) La «tilde de la ley» representa como parte de toda la ley. *"El pan nuestro de cada día, dánoslo hoy."* (Mateo 6:11) El «pan» representa como parte de los «alimentos». En estos dos ejemplos, el término más específico sustituye el término genérico.

- **Totum pro parte** («**El todo por la parte**»): Cuando el todo representa una parte de la cosa, o la parte es sustituida por el todo. Ejemplos: En Marcos 16:15, el Señor Jesús dice: *"Id por todo el mundo y predicad el evangelio a toda criatura* [literalmente: «creación»]." Esto no significa que se debe anunciar el evangelio también a las plantas y los animales, etc.; sino que aquí se menciona el todo - la «criatura» / la «creación» - en lugar de «la humanidad», que es solamente una parte de la creación o de las criaturas en la tierra.[15] *"Aconteció en aquellos días, que se promulgó un edicto de parte de Augusto César, que todo el mundo fuese*

---

[15] La comparación con Mateo 28:19 ("Por tanto, id, y haced discípulos a todas las naciones …") deja en claro que "toda la creación" se refiere a "toda la humanidad". Es decir, el Evangelio debe ser anunciado a todos los hombres, independientemente de su etnia.

empadronado." (Lucas 2:1) En este versículo, «todo el mundo» representa solamente la parte de la tierra que estaba bajo el dominio romano, o las provincias del Imperio Romano, donde se realizo el censo. *"Entonces Israel envió mensajeros al rey de Edom, diciendo: Yo te ruego que me dejes pasar por tu tierra..."* (Jueces 11:17) No fue todo el pueblo de Israel (que es mencionado aquí) quien envió mensajeros, sino solo Moisés como parte o líder del pueblo (cf. Nm 20:14ss).

Ironía

Al usar el dispositivo estilístico de la ironía, el hablante «finge» al utilizar palabras que son exactamente lo contrario de lo que quiere decir. También se podría decir que sustituye el término original por el opuesto. Normalmente, esto sucede de tal forma que el receptor del mensaje entiende muy bien que la declaración no es literal, sino irónica. Por ejemplo, el emisor del mensaje puede expresarlo por su tono de voz, su mímica o de otra manera. A veces es suficiente conocer bien a la persona en cuestión y su opinión sobre el tema articulado.

Al leer la Biblia, no siempre es fácil identificar una declaración irónica como tal, especialmente si los componentes no verbales de la comunicación (tono, gestos, mímica) no se muestran explícitamente en el texto. Sin embargo, conocer el trasfondo cultural y / o histórico de una situación hace que sea más fácil identificar la ironía como tal. Por ejemplo:

En Zacarías 11:12-13 se anuncia proféticamente que el Señor Jesús sería traicionado por treinta piezas de plata. En el versículo 13, Dios dice: *"Échalo al tesoro; ¡hermoso precio con que me han apreciado!"* Según la Ley mosaica (Ex 21:32), la indemnización que el dueño debía pagar cuando uno de sus bueyes había corneado a un esclavo o esclava y lo había matado era de treinta siclos de plata. Esto deja en claro que Dios habló irónicamente en Zacarías sobre el «hermoso precio» y de la «apreciación». ¡Porque para los líderes del pueblo de Israel, el Mesías no tenía más valor que un esclavo asesinado!

Pregunta retórica

Normalmente, las preguntas se hacen con la intención de solicitar información. Sin embargo, las preguntas también se pueden utilizar como un dispositivo estilístico lingüístico para expresar algo específico. Las preguntas que no sirven para solicitar información se llaman "preguntas retóricas", por ejemplo: En Lucas 7:44, cuando Jesús le preguntó al fariseo Simón, en cuya casa Él estaba hospedado, *"¿Ves esta mujer?"*, Él no esperaba una respuesta, porque eso era obvio. El propósito de la pregunta era llamar la atención sobre las obras de la mujer, que eran una expresión de su amor por Jesús. También cada vez que Pablo pregunta una y otra vez en Romanos: *"¿Qué, pues, diremos?"* (Ro 6:1; 7:7; 8:31), él no hace estas preguntas por desorientación y con la esperanza de que los lectores le escriban una carta de respuesta. Él usa una pregunta retórica para continuar su razonamiento.

Eufemismo

Este se utiliza cuando uno quiere expresar algo de manera eufemisiva, atenuante o disfrazante. Por ejemplo, los términos ofensivos son reemplazados por otros menos ofensivos: *"Pero no la conoció hasta que dio a luz a su hijo primogénito..."* (Mateo 1:25). Aquí se usa el término «conocer» en lugar de decir «relaciones sexuales». Otro pasaje dice: *"Y cuando llegó a un redil de ovejas en el camino, donde había una cueva, entró Saúl en ella para cubrir sus pies..."* (1 Samuel 24:3) En este versículo, «cubrir sus pies» se utiliza para decir «ir al baño» o «hacer sus necesidades» (en nuestro lenguaje, también usamos un eufemismo para esta actividad).

Los eufemismos también son usados para hablar sobre un tema emocionalmente perturbador de una manera sensible, por ejemplo, cuando se usa el término «dormir» (1 Corintios 11:30; 15:6.18.20.51) en vez de decir «morir».

Passivum divinum

El passivum divinum ("divino pasivo") se usa muy frecuentemente en la Biblia. Esto tiene razones teológicas: El tercer mandamiento (según el censo reformado) prohíbe el abuso del nombre de Dios (Ex 20:7). Por esta razón, en lo posible, los israelitas evitaron usar el nombre de Dios. En la Septuaginta, la traducción griega del Antiguo Testamento, el nombre divino «Yahweh» fue reemplazado por la palabra «Kyrios» («Señor»).

También muchas traducciones contemporáneas de la Biblia (Versión Popular, NVI, etc.) utilizan el término "Señor" para el nombre de Dios. El passivum divinum también era un medio para evitar el nombre de Dios. Se usó simplemente la forma gramatical pasiva y se omitió el nombre del sujeto que actúa. Se supone implícitamente que es Dios quien está actuando; es una parte esencial de la intención de la declaración. Ejemplos:

"... así hará el sacerdote expiación por ellos, y obtendrán perdón." (Levítico 4:20) Es decir que Dios les perdonará. "Bienaventurados los que lloran, porque ellos recibirán consolación." (Mateo 5:4) Dios es quien los consolará. "Por lo cual, hermanos, tanto más procurad hacer firme vuestra vocación y elección; porque haciendo estas cosas, no caeréis jamás. Porque de esta manera os será otorgada amplia y generosa entrada en el reino eterno de nuestro Señor y Salvador Jesucristo." (2 Pedro 1:10-11) Es Dios quien otorgará la entrada en el reino eterno.

Paralelismo

El dispositivo estilístico del paralelismo es la característica sobresaliente de la poesía hebrea. El paralelismo no solo se usa en libros poéticos o en la literatura sapiencial, sino también en otros libros del Antiguo Testamento (por ejemplo, los profetas) y en el Nuevo Testamento.

El término «paralelismo» se refiere al orden paralelo de las líneas o miembros de un verso, entre los cuales también existe una cierta relación en cuanto al contenido. Desafortunadamente, este orden paralelo a veces se reduce en la versión impresa de algunas ediciones de la Biblia (falta de espacio, columnas).

En general, se distinguen tres formas básicas de paralelismo: (1) El paralelismo sinónimo, (2) el paralelismo antitético, y (3) el paralelismo sintético.

(1) En el **paralelismo sinónimo**, la declaración de la primera línea del verso se repite en la siguiente línea; sin embargo, se usan otros términos, pero sinónimos. Es decir, hay una concordancia o correspondencia en la declaración de las dos líneas del verso.

"Cuando veo tus cielos, obra de tus dedos,
  La luna y las estrellas que tú formaste..."
(Salmo 8:3)

En éste ejemplo, se usan los términos «luna» y «estrellas» como sinónimos para «cielos». De la misma manera se utilizan las palabras «que tú formaste» como sinónimos para «obra de tus dedos».

(2) En el **paralelismo antitético**, la repetición expresa una antítesis o un contraste en el contenido.

"El hijo sabio alegra al padre,
  Pero el hijo necio es tristeza de su madre."
(Proverbios 10:1)

Aquí se compara la sabiduría con la necedad. El contraste se intensifica por el hecho de que en la repetición, la palabra «alegra» es reemplazada por «tristeza» y «padre» por «madre». Además, la conjunción «pero» indica un contraste.

(3) En el **paralelismo sintético**, la idea expresada en la primera línea continúa en la(s) siguiente(s). Es decir, hay un avance o aumento de pensamiento desarrollando el tema.

"¿Con qué limpiará el joven su camino?
  Con guardar tu palabra."

(Salmo 119:9)

En este ejemplo, el avance de pensamiento está en la respuesta a la pregunta en la primera línea del verso.

Para fines ilustrativos hemos tratado estas tres formas básicas del paralelismo separado. Sin embargo, en la práctica, las tres formas pueden mezclarse en el mismo pasaje (por ejemplo, Salmo 119, Mateo 6:19-21) al mismo tiempo y aparecer una al lado de la otra.

Proverbio

Los proverbios se encuentran en la Biblia, especialmente en el libro de los Proverbios (literatura sapiencial), pero también encontramos citas de proverbios en el Nuevo Testamento. Además, Jesús presentó algunas de sus enseñanzas en forma de proverbios (por ejemplo,

Mateo 7:6).

Un proverbio o dicho resume la sabiduría de la vida en pocas palabras. Esto sucede de una manera que atrae la atención y que fácilmente se queda en la memoria. En la brevedad se encuentra el «sabor» de un proverbio, pero también sus limitaciones. Porque un proverbio solo puede cubrir *un* aspecto del tema. Por lo tanto, la sabiduría compartida no es exhaustiva sino que necesita ser complementada.

Los proverbios tienen una forma poética, haciendo uso del paralelismo.

Al interpretar y aplicar un proverbio, se debe seguir estas pautas:

- ¡Los proverbios no son una promesa o una garantía! Los proverbios expresan verdades comunes (que se espera generalmente), pero a veces hay excepciones. Proverbios 10:27 dice: *"El temor de Jehová aumentará los días; mas los años de los impíos serán acortados."* Esta es una verdad general; pero eso no significa que cada persona temerosa de Dios llegue a una edad avanzada, o que cada hombre sin Dios muera temprano.

- Un proverbio no debe considerarse de manera aislada, sino que debe interpretarse dentro del contexto de (toda) la Biblia. Proverbios 6:30 dice: *"Nadie desprecia al ladrón que roba para calmar su hambre."* (VP) Esta declaración no debe interpretarse en el sentido de que la hambre es una razón legítima para el robo (cf. Ex 20:15; Ef 4:28). Además, el contexto inmediato del versículo aclara este pasaje y trata el tema del adulterio. Una persona que es victima de un robo por alguien que tiene hambre, puede comprender algo de la motivación del ladrón (hambre), aunque no pueda respaldar esta acción. ¡Pero quién comete adulterio, no puede contar con la comprensión del cónyuge traicionado!

- Un proverbio solo trata un cierto aspecto de la verdad; por lo tanto, debe ser decidido en cada caso la manera de cómo se puede aplicar. En Proverbios 26:4-5 se exponen dos proverbios, que parecen contradictorios a primera vista, uno al lado del otro. En realidad, se complementan entre sí: *"Nunca respondas al necio de acuerdo con su necedad, para que no seas tú también como él. Responde al necio como merece su necedad, para que no se estime sabio en su propia opinión."*

- El trasfondo cultural e histórico del proverbio debe ser considerado para comprender su significado y transferirlo al tiempo presente. El Señor Jesús dijo en Mateo 7:6: *"No deis lo santo a los perros, ni echéis vuestras perlas delante de los cerdos, no sea que las pisoteen, y se vuelvan y os despedacen."* Para entender este proverbio, entre otros es necesario saber que los perros y los cerdos eran considerados animales inmundos que eran despreciados, y que las perlas eran algo muy valioso.

Entonces, al leer la Biblia, preste siempre atención cuando se usan figuras literarias. En el caso que sí, ¡hay que interpretarlas según la categoría del lenguaje figurado utilizado!

5. La aplicación

Los capítulos anteriores se centraron en los principios de la interpretación bíblica. La aplicación de estos principios requiere ciertos conocimientos básicos acerca de los diferentes tipos de textos y figuras literarias, razón por la cual ya hemos tratado este tema.

Ahora, en este capitulo vamos a tratar el tema de la aplicación en un doble sentido:

1. La aplicación de los principios de interpretación bíblica en el estudio bíblico
2. La aplicación de un texto bíblico

5.1. La aplicación de los principios de interpretación bíblica en el estudio bíblico

Los principios de la interpretación bíblica siempre deben ser observados y aplicados al estudiar la Biblia para no torcer el texto o sacar conclusiones equivocadas. Sin embargo, uno no siempre tiene el tiempo suficiente para estudiar seriamente un texto bíblico con el fin de penetrar en las profundidades y obtener una comprensión más completa. Pero vale la pena tomarse de vez en cuando este tiempo para estudiar la Biblia con mayor seriedad.

El primer paso en el estudio intensivo de la Biblia es comprender el significado original de la declaración, así como el mensaje clave del texto. Porque solamente si hemos captado el mensaje clave y comprendido lo que han entendido los oyentes o los lectores originales, podemos aplicar el texto correctamente a nuestra situación actual. Pero, ¿cómo debemos proceder? Los siguientes pasos nos ayudarán para que podamos estudiar a mayor profundidad un texto de la Biblia. ¡Siempre debemos considerar la aplicación de los principios de interpretación bíblica que conocemos en la ejecución de estos pasos!

Primer paso: ¡Lea el texto de la Biblia cuidadosamente (y orando) varias veces!

• Se trata de captar lo que (realmente) está escrito.
• Al leer, ¡preste atención a la estructura del texto! Para esto, puede ser útil copiar el texto de la Biblia y visualizar la estructura o composición del texto mediante sangrías, flechas, paréntesis, subrayados (también con colores), etc.

Segundo paso: ¡Compare diferentes traducciones de la Biblia y preste atención a las diferencias en la traducción!

Acompañando a los primeros dos pasos:

• ¡Haga preguntas sobre el contenido del texto!
  • ¡Utilice constantemente los pronombres interrogativos y pregunte al texto «quién», «dónde», «cómo», «qué», «cuándo», «por qué», «para qué»!
  • Otras preguntas útiles son: ¿El texto hace uso del lenguaje figurado? ¿Con

qué significado gramatical y de contenido se utilizan las palabras? ¿Hay palabras que se repiten constantemente en el texto? ¿Hay citas en el texto?

- ¡Tome notas sobre el texto! ¡Apunte todo lo que todavía no está claro y que debe ser explorado en un paso posterior!
  - Estos pueden ser ciertos términos, declaraciones en el texto, preguntas de doctrina o problemas.
  - Esto incluye preguntas relacionadas con el trasfondo histórico, cultural o geográfico de ese tiempo.

Tercer paso: ¡Investigue el contexto!

- Como vimos en el Capítulo 2 (en 2.1), esto incluye examinar el contexto inmediato; anterior y posterior, el contexto mayor y el contexto dentro de la Historia de la Salvación.
- Si se trata de un texto de los Evangelios, es imperativo que deberíamos examinar el contexto sinóptico, si hay pasajes paralelos.
- ¡Apunte los resultados de las investigaciones y otras preguntas que surgen!

Cuarto paso: ¡Investigue! Ahora, se busca respuestas a las preguntas que surjan (a las que habíamos apuntado).

- Investigue el contexto cultural, histórico y geográfico. Si es necesario, se deben usar recursos auxiliares (vea las indicaciones en el Capítulo 2 en 2.5).

- Identifique el tipo de texto (vea el Capítulo 3) y examine las figuras literarias utilizadas en el texto (vea el Capítulo 4). Aclare qué efecto tiene esto en la comprensión del texto.
- Explore y aclare el significado de palabras importantes para la comprensión del texto.

Quinto paso: ¡Resuma los resultados de sus investigaciones! ¡Formule en sus propias palabras la declaración intencionada y el mensaje clave del texto!

5.2. La aplicación de un texto bíblico

Los cinco pasos que acabamos de aprender son muy útiles para investigar a mayor profundidad un texto de la Biblia y para comprender su mensaje. ¡Pero no deberíamos detenernos allí!

¿Cómo lidiamos con lo que hemos leído y entendido en la Biblia? - La lectura e interpretación de la Biblia no es un fin en sí misma, siempre se trata de conocer a Dios mejor, crecer en nuestra relación con Él y como consecuencia que nuestras vidas sean cambiadas positivamente. A veces nos enfocamos más en lo que (todavía) no hemos entendido en la Biblia, en lugar de aplicar lo que ya hemos entendido. Y tal vez nos podríamos sentir de la misma manera que el escritor estadounidense Mark Twain:

"No son las partes de la Biblia que no puedo entender las que me molestan, son las partes que SI puedo entender."

La carta de Santiago enfatiza muy claramente que debemos aplicar la Palabra de Dios: *"Pero sed hacedores de la palabra, y no tan solamente oidores, engañándoos a vosotros mismos."* (Santiago 1:22)

Pero, ¿cómo vamos a aplicar el texto de la Biblia que hemos leído, interpretado y entendido? Las siguientes pautas nos pueden ayudar:

1) Hay aplicaciones directas e indirectas
En algunos textos de la Biblia, la aplicación es muy obvia, en otros primero debe ser buscada. La razón es que hay aplicaciones directas e indirectas.

Aplicaciones directas
Estas aplicaciones se expresan explícitamente mediante imperativos (órdenes). Es decir, el texto contiene una demanda concreta para hacer algo (*"¡Ama a tu prójimo como a ti mismo!"*) o para dejar algo (*"¡No mates!"*).
Entonces, si estamos buscando una aplicación en el texto, primero debemos preguntar: ¿Cuáles son los imperativos en el texto?

Aplicaciones indirectas
Estas aplicaciones no se expresan explícitamente utilizando imperativos, sino que están implícitas en el texto. Es decir, pueden derivarse indirecta y lógicamente como un llamado a la acción. Estas

aplicaciones indirectas y derivadas del texto pueden ser principios, verdades o modelos a seguir.

* Los principios quieren guiarnos a una acción sabia; por ejemplo, "... *pues todo lo que el hombre sembrare, eso también segará.*" (Gálatas 6:7)
* Las verdades deben ser creídas; por ejemplo, "*Le dijo Jesús: Yo soy la resurrección y la vida; el que cree en mí, aunque esté muerto, vivirá. Y todo aquel que vive y cree en mí, no morirá eternamente. ¿Crees esto?*" (Juan 11:25-26)
* Los modelos (o ejemplos) nos dan una orientación para la acción correcta, pueden ser tanto positivos como negativos. Por ejemplo, José, que resistió la seducción de la esposa de Potifar, es un modelo positivo. David, que cometió adulterio con Betsabé, es un modelo negativo; este modelo no se debe seguir.

Si estamos buscando una aplicación indirecta en el texto, entonces debemos hacernos las siguientes preguntas:

* ¿Hay algo en este texto que demande / exhorte de una manera indirecta?
* ¿Hay un principio universal, una verdad teológica o un ejemplo a seguir?

Las aplicaciones directas y / o indirectas encontradas deben verificarse para ver si son consistentes con la declaración original y el mensaje central del texto bíblico. Porque no debemos incluir (imponer) nada en el texto (que no está declarado) ni debemos centrarnos en asuntos secundarios. ¡Lo principal siempre debe ser lo principal!

2) La aplicación debe ser clasificada y evaluada de acuerdo a su contexto dentro de la Historia de la Salvación
Después de haber encontrado aplicaciones directas o indirectas en el texto, debemos averiguar si todavía son válidas para la actualidad. Estas aplicaciones deben ser cuestionadas especialmente con los textos del Antiguo Testamento. Es decir, tenemos que contestar la siguiente pregunta: La demanda concreta (aplicación directa) o la demanda derivada (aplicación indirecta), ¿tiene vigencia todavía para la iglesia de hoy?
Para esto, es necesario examinar tanto el texto bíblico como la aplicación derivada de éste a la luz de la Historia de la Salvación (vea las explicaciones en el Capítulo 2 en 2.1 sobre el tema "El contexto dentro de la Historia de la Salvación"). Si ya hemos completado este trabajo como parte del estudio bíblico (Paso 3), entonces no debería ser difícil para nosotros llegar a una evaluación y dar una respuesta adecuada. Si ignoramos la clasificación y evaluación a la luz de la Historia de la Salvación, vamos a cometer el error de muchas sectas, que mezclan el Antiguo y el Nuevo Pacto entre sí y de esta manera llegan a enseñanzas y aplicaciones bastante aventureras.

3) La aplicación a grupos específicos de personas y áreas de la vida

El ambiente de vida de las personas que actúan en el texto bíblico de aquel entonces, es muy diferente al ambiente en que vivimos hoy en día. Sin embargo, es posible aplicar el mensaje pertinente de la Biblia en el día de hoy. Después de haber encontrado las aplicaciones en el texto bíblico y de haber examinado si concuerdan con la declaración original y el mensaje clave, y si éstos son válidos para la iglesia de hoy, entonces debemos manifestarlos de una manera concreta. Al hacer esto, hacemos una diferencia, entre un grupo de personas y el área de vida que tenemos en mente.

Grupos de personas:

- ¿Queremos aplicar el texto de la Biblia personalmente? ¿O queremos aplicar el texto bíblico a personas específicas o grupos de personas (cristianos individuales, no cristianos, células de estudio bíblico, iglesia)?
- ¿Cuál es la situación concreta de la vida de la(s) persona(s) en cuestión? ¿Qué desafíos, necesidades, preguntas, tentaciones, etc. tiene(n)?

Áreas de vida:

El mensaje de la Biblia penetra diferentes áreas de la vida humana. Estas incluyen la relación personal del individuo con Dios, la sociedad, las relaciones interpersonales dentro y fuera de la familia, el manejo de la sexualidad, el manejo del dinero, de la propiedad y de la iglesia cristiana, etc. Por lo tanto, al formular la aplicación hay que preguntar:

- ¿Qué áreas de la vida se ven afectadas por la aplicación o en qué áreas de la vida encaja?
- ¿Cuál sería una aplicación concreta al área de vida respectiva?

4) Diferentes tipos de aplicaciones

Cuando se habla de una «aplicación», la mayoría de las personas piensan en «acción», es decir, en acciones o instrucciones concretas. Eso no está mal en sí mismo, pero este pensamiento es muy superficial.

Restringir la aplicación a instrucciones concretas pueden llevarnos a comenzar una «lista de tareas piadosas» y tener la sensación de que no cumplimos con los requisitos («lo que deberías hacer como un buen cristiano»). Esto puede llevarnos, entre otras cosas, al accionismo piadoso, en el cual tratamos de marcar punto por punto en la lista y luego llegamos a la conclusión que hemos cumplido con nuestro «deber religioso».

Los siguientes ejemplos que a continuación presentamos, nos van a mostrar que hay diferentes tipos de aplicaciones que pueden afectar nuestra cabeza (la mente), nuestro corazón (nuestras actitudes y emociones) y / o nuestras manos (el hacer, actuar):

- *Hacer algo o dejar de hacer algo*; es decir, la aplicación concreta de las instrucciones del texto bíblico.

- *Creer algo*; por ejemplo, declaraciones dogmáticas en el texto bíblico, que Dios me ama, etc.
- *Saber algo*; por ejemplo, información sobre la segunda venida de Jesús, que Dios puede (incluso hoy) sanar a los enfermos, cómo podemos y debemos orar, etc. Importante: el conocimiento también tiene que ver con la aplicación. No siempre podemos o debemos aplicar nuestro conocimiento de inmediato. Pero si entramos en una situación determinada y no tenemos el conocimiento adecuado de cómo actuar de manera concreta y correcta, ¡entonces tenemos un problema!
- *Aceptar algo agradeciendo*; por ejemplo, que Jesús cargó nuestro pecado en la cruz, que Dios escogió en Cristo a los creyentes antes de la fundación del mundo, etc.
- *Alabar y adorar a Dios*. En la Biblia todo se trata de Dios. Muchas declaraciones en la Biblia tienen el objetivo de llevarnos a fijar nuestra mirada en Dios para que lo alabemos y adoremos por sus grandes obras (vea Salmos 145-150).
- *Para guardar (conservar) algo*; por ejemplo, el amor, la fe, etc.
- *Para corregir algo*; por ejemplo, actitudes falsas, pensamientos equivocados, comportamientos negativos, etc. *"No se amolden al mundo actual, sino sean transformados mediante la renovación de su mente. Así podrán comprobar cuál es la voluntad de Dios, buena, agradable y*

perfecta." (Romanos 12:2, NVI)

La Comunicación Intercultural

En la época de la globalización y de la migración, la comunicación intercultural ya no es un tema especial relevante sólo para algunas personas. Hoy en día, la comunicación intercultural afecta a todos, aún a los que nunca salieron de su tierra natal.

El libro "La Comunicación Intercultural" trata acerca del desafío que existe en la comunicación entre dos culturas y ofrece una introducción comprensible del tema.

"La Comunicación Intercultural" ayuda a comprender las diferencias culturales, y explica, de qué manera están influyendo en el estilo de comunicación. El objetivo de este libro es ayudar a los lectores en el desarrollo de su competencia intercultural, contribuyendo de esta manera a una mejor comprensión de las personas de otras culturas.

La Comunicación Intercultural. El desafío de la comunicación entre dos culturas.
Norderstedt: Books on Demand, ISBN 9783732263813. Aparte de la edición impresa, la Editorial ofrece una versión digital del libro (eBook) para las diferentes plataformas de lectores electrónicos (Amazon Kindle, iPad / iTunes, Google play, y en el formato ePub para otros). ISBN 9783735726094.

Más informaciones en el Internet: **www.jürgenschmidt.net**